Roma Interna

Museum Moderner Kunst
Stiftung Ludwig
Wien

Die Ausstellung ROMA INTERNA steht unter der Schirmherrschaft des Bürgermeisters und Landeshauptmannes von Wien Dr. Helmut Zilk sowie des Botschafters der Republik Italien S. E. Dr. Alessandro Quaroni.
Die Realisierung erfolgte in Zusammenarbeit mit dem Italienischen Kulturinstitut, der Stadt Wien und dem Bundesministerium für Wissenschaft und Forschung.

Wir danken Vienna Plaza, Austrian Airlines, dem Bundesministerium für Wissenschaft und Forschung, dem Kulturmagazin die „Bühne" und dem Verlag der Galerie Hilger für die Unterstützung dieser Ausstellung.

VIENNA PLAZA
OPERATED BY HILTON INTERNATIONAL

Welcome To AUSTRIAN AIRLINES

BÜHNE

BMWF

Besonderen Dank an Herrn Maurizio Minuti, dessen Hilfe bei der Ausstellungsvorbereitung unentbehrlich war.
Dank auch an Rosalba und Romolo Bulla, in deren berühmter Lithografiewerkstätte die meisten Vorzugsausgaben (Dessi, Nunzio, Pizzi Cannella und Tirelli) entstanden und an Valerio Carini, der die Vorzugsausgaben von Ceccobelli und Gallo druckte. Nicht zuletzt auch vielen Dank an die Spedition Propileo/Rom für das Entgegenkommen bei den Transporten und an die Bronzegießerei Venturi Arte in Bologna, die das Katalogprojekt großzügig gefördert hat.
Ohne die Großzügigkeit der beteiligten Künstler und der oben genannten und nicht genannt werden wollenden Personen wäre dieses Ausstellungsprojekt nicht zu realisieren gewesen.

Roma Interna

mit Texten von

Lóránd Hegyi
Achille Bonito Oliva
Rainer Fuchs

Katalog zur Ausstellung im Museum moderner Kunst Stiftung Ludwig Wien
vom 6. Dezember 1991 bis 2. Februar 1992 im Palais Liechtenstein.

Bianchi

Catania

Ceccobelli

Dessi

Gallo

Nunzio

Pizzi Cannella

Tirelli

Lóránd Hegyi

Metaphern und Modelle · Metafore e Modelli

Mit „Roma Interna" wird erstmals in Österreich ein Einblick in die junge und aktuelle römische Kunstszene gegeben, wobei sich die Möglichkeit eröffnet, Entwicklung und Standort der italienischen Kunst nach der Transavanguardia zu beobachten und zu analysieren.

Domenico Bianchi, Lucilla Catania, Bruno Ceccobelli, Gianni Dessi, Giuseppe Gallo, Nunzio, Piero Pizzi Cannella und Marco Tirelli galten zu Beginn der 80er Jahre als Vertreter der zweiten Generation der Transavanguardia. Sie haben sehr schnell eigene Positionen entwickelt, in denen sie nicht mehr das stilgeschichtliche Zitat und seine Dekonstruktion forcierten, sondern eine neue Geistigkeit vertraten, die sich von der Postmoderne und deren Beziehung zur Avantgarde deutlich abgrenzte. Die Avantgarde wird von ihnen nicht als abgeschlossenes Modell betrachtet, sondern als eine kontinuierliche Tradition erkannt, die weiterhin ein Potential an fortzuführenden Konzepten und Ideen bereithält. Nicht der spielerische und ironische Zugriff auf Vergangenes ist nun kennzeichnend, sondern eine konzentrierte Hinwendung zu den Traditionen der Abstraktion, der Realismen und des ready made.

So lebt etwa in Bruno Ceccobellis Materialbildern die Tradition des objet trouvé fort. Sie wird aber zugleich mystisch und poetisch überhöht. Die Gegenstände und Materialien, die er zu kunstvollen Kompositionen arrangiert, beziehen sich auf die Geschichte, das Handwerk und die Natur. Als kostbares und veredelndes Element tritt die Farbe in Erscheinung, um die Dinge ins Bildhafte zurückzubinden.

Nunzios Reliefs hingegen sind von gegenständlichen Reminiszenzen frei. Klare geometrische Strukturen gliedern die Reliefs in Fläche und Raum. Im Spiel des Lichtes manifestiert sich die Fülle einer strengen Geometrie, die von konvexen und konkaven Einschnitten und Erhebungen belebt erscheint. Die Farbe des verwendeten Bleis und dessen stumpfer Glanz bestimmen zusammen mit den meist sparsam einge-

La mostra Roma Interna dá, per la prima in Austria, l'occasione di farsi un'idea della giovane ed attuale «scena artistica» romana con la possibilità di osservare ed analizzare lo sviluppo e la posizione dell'arte italiana contemporanea alla transavanguardia.

Domenico Bianchi, Lucilla Catania, Bruno Ceccobelli, Gianni Dessi, Giuseppe Gallo, Nunzio, Piero Pizzi Cannella e Marco Tirelli all'inizio degli anni '80 erano considerati i rappresentanti della seconda generazione della transavanguardia. Velocemente hanno sviluppato delle posizioni proprie nelle quali non insistevano più sulla citazione storico-stilistica e la sua decostruzione bensi rappresentavano una nuova spiritualità delimitata distintamente dall'arte postmoderna e dal suo rapporto con l'avanguardia. Loro non vedono l'avanguardia come modello indipendente bensì come una tradizione continua che sempre trattiene in sè un potenziale di concetti ed idee da sviluppare. Non è la presa ironica e giocosa di cose passate, che è significativa bensì una devozione concentrata alle tradizioni dell'astrazione, dei realismi e del ready made.

Così, per esempio, nella materialità dei quadri di Bruno Ceccobelli vive la tradizione dell'objet trouvé che allo stesso tempo però viene elevata in modo mistico e poetico. Gli oggetti ed i materiali che Bruno Ceccobelli dispone a regola d'arte in composizioni si riferiscono alla storia, all'artigianato e alla natura. Come elemento prezioso e raffinante troviamo il colore per collegare le cose all'iconico.

Invece i rilievi di Nunzio sono liberi di reminiscenze concrete. Chiare strutture geometriche dispongono i rilievi in superficie e spazio. Nel gioco della luce si manifesta l'abbondanza di una geometria severa che sembra essere animata da scanalature e rialzi concavi e convessi. Il colore del piombo e la sua lucentezza opaca, insieme alle poche parti in legno annerito, determinano l'eleganza distaccata e cupa delle opere. L'arcaico si rivela nel rituale del vedere.

Anche Marco Tirelli con le sue opere

setzten, geschwärzten Holzteilen die kühle und dumpfe Eleganz der Arbeiten. Archaisches offenbart sich im Ritual des Sehens.

Auch MARCO TIRELLI schließt mit seinen Werken an die Tradition des Konstruktiven an. Er überschichtet farbiges Papier mit schwarzer Kreide und legt dann wieder geometrische Grundformen frei, die aber in sich plastisch belebt erscheinen. Der künstlerische Akt wird zum Schöpfungsakt, der aus dem kosmischen Schwarz die Dinge schält.

In PIERO PIZZI CANNELLAS Malerei ist die Anspielung auf Gegenständliches, Dinghaftes und dessen malerische Auflösung in dunkle Farbfelder und lineare Schemen zu beobachten. Es ist kein abbildendes Verfahren, das die Dinge wiederholt, sondern ein evozierendes, das subjektive Zeichen setzt, durch die man Gegenständliches erahnen kann. Nicht zufällig besitzen diese Zeichen eine Ähnlichkeit mit Gefäßen und Kleidern, die auf Vorstellungen des Organischen und Erotischen, aber auch auf Hinfälligkeiten und melancholische Distanz verweisen.

LUCILLA CATANIAS Skulpturen führen einen subtilen Dialog mit dem Raum, sie thematisieren trotz ihrer zurückhaltenden Präsenz die innige Beziehung zwischen Raum und Skulptur, erinnern an Naturgebilde und -erscheinungen und übersetzen diese in einfache und kraftvolle autonome plastische Formen. Das Verhältnis von plastischer Masse und Schwerkraft des Raumes beschreibt einen dynamischen Prozeß, von dem die Formen der Skulpturen zeugen.

In DOMENICO BIANCHIS Ouevre spiegelt sich die Auseinandersetzung des Künstlers mit der Frage nach Ort und Wertigkeit des Originals. Bianchi bedruckt die Wände mit fein strukturierter Malerei, sodaß die Bilder sich unmittelbar in die Architektur integrieren. Die aufgepreßte Malerei ist das Ergebnis eines Anderen, das man als Original ansprechen kann. Sie ist das Nachbild eines Wirklichen, das zugleich die Realität der Architektur verändert.

Für GIANNI DESSI ist das Bild ein Ort der Intensivierung komplexer Problem-

si collega alla tradizione del costruttivo. Egli pone su carta colorata strati di gesso nero e mette a nudo le forme geometriche fondamentali che però sembrano animate plasticamente. L'atto artistico diventa atto creativo che libera le cose dal nero cosmico.

Nella pittura di PIERO PIZZI CANNELLA si può osservare l'allusione a cose concrete e reali e la loro risoluzione pittorica con spazi colorati scuri e schemi lineari. Non è un processo mimetico che ripete le cose bensì un processo evocativo che attraverso segni soggettivi fa intuire concretezza. Non a caso quei segni ricordano recipienti e vestiti che rimandano immaginazioni dell'organico ed erotico ma anche della caducità e distanza melanconica.

Le sculture di LUCILLA CATANIA portano avanti un dialogo sottile e delicato con lo spazio. Nonostante la loro presenza riservata e la loro scarsa altezza, tematizzano il rapporto intimo tra spazio e scultura, rammentano forme e manifestazioni della natura e le trascrivono in semplici e robuste forme plastiche. Il rapporto tra materia plastica e forza di gravità dello spazio descrive un processo dinamico testimoniato dalle forme delle sculture.

Nell'opera di DOMENICO BIANCHI si rispecchia il conflitto dell'artista riguardo a luogo e valenza dell'originale. Bianchi stampa sulle pareti pittura finemente strutturata in modo che le immagini s'integrino direttamente all'architettura. La pittura impressa è la risultanza di un Altro a cui ci si può rivolgere come all'originale. E' la copia di qualcosa di reale che allo stesso tempo trasforma la realtà dell'architettura.

Per GIANNI DESSI l'immagine é un luogo dell'intensificazione di problematiche complesse. E' il centro, a forma centrata e rotante. Le immagini di Dessi sono dei microcosmi di idee universalistiche ed espansionistiche che pongono il centro dell'immagine a centro di un mondo nel cui spazio immaginario le esperienze metafisiche e mitiche vengono mantenute vive e rimodellate.

L'eredità del manierismo echeggia nella pittura e nella scultura di GIUSEPPE GALLO.

stellungen. Es ist das Zentrum, das selbst eine kreisende, zentrierte Gestalt besitzt. Als Mikrokosmen handeln Dessis Bilder von universalistischen und expansionistischen Ideen, die das Zentrum des Bildes als Zentrum einer Welt setzen, in deren imaginärem Raum metaphysische und mythische Erfahrungen wachgehalten und neu gestaltet werden.

Das Erbe des Manierismus klingt in Giuseppe Gallos Malerei und Bildhauerei nach. Schemenhafte Gestalten, die man, wie Schattenfiguren, von ihren Konturen her erfassen kann und detailreich illusionistische Darstellungen fragmentierter Körper verbinden sich zu ironisch gebrochenen Darstellungen. Ironie und Witz sind jedoch in Gallos Kunst auch als abgründige und zwiespältige Strategien erfaßbar, die ihren Widerspruch in sich tragen.

Anhand der Positionen der hier vertretenen Künstler lassen sich zusammenfassend mehrere Fragestellungen eruieren. Etwa die Thematisierung der Beziehung zwischen autonomen künstlerischen Bereichen und expansionistischen Strategien, wobei das Kunstwerk selbst eine ambivalente Rolle spielt: einerseits besteht der Versuch, das – mit intensivierten Mitteln geschaffene – Bild als Zentrum der schöpferischen Aktivität zu präsentieren (Solcherart verkörpert das Bild die Vorstellung von der „Macht der Mitte"), andererseits jedoch wird die „sakrale Funktion" des Bildes relativiert, wobei es Träger eines verborgenen Dialogs zwischen der neuplatonischen Tradition und deren kritischer Befragung bleibt.

Eine weitere Fragestellung betrifft die Funktion schöpferischen Handelns im Spannungsfeld von formimmanenten, hermeneutischen Problemen und universalistischen, expansionistischen Strategien. Der Künstler der 80er Jahre glaubt nicht mehr an die unmittelbar gesellschaftspolitische Auswirkung des Kunstwerks bzw. der künstlerischen Aktivität, er betrachtet sein Werk nicht mehr als „soziale Plastik". Aber gerade in diesem Bewußtsein versucht er die universalistischen und die sich auf allgemeingültige

Figure fuggevoli che, come ombre, si possono percepire attraverso i loro contorni, e dettagliate rappresentazioni illusionistiche di corpi frammentari generano rappresentazioni modificate ironicamente. Nell'arte di Gallo però l'ironia e lo spirito si possono percepire anche come strategie ambivalenti ed abissali che portano la loro contraddizione dentro di sè.

In base alle posizioni degli artisti qui presentati si possono scoprire varie problematiche. Ad esempio la tematizzazione del rapporto tra campi artistici autonomi e strategie espansionistiche in cui l'opera d'arte stessa gioca un ruolo ambivalente: da un lato c'è il tentativo di presentare l'immagine – creata con mezzi intensificati – come centro dell'attività creativa (così l'immagine rappresenta l'idea del «potere del centro»), dall'altro invece la «funzione sacrale» dell'immagine viene relativizzata, rimanendo portatrice di un dialogo celato tra la tradizione neoplatonica e la sua interrogazione critica.

Un'altra problematica concerne la funzione dell'agire creativo nel campo di tensione tra problemi immanenti alla forma ed ermeneutici e strategie universalistiche ed espansionistiche. L'artista degli anni '80 non crede più nell'immediato effetto politico-sociale dell'opera d'arte, o meglio, dell'attività artistica; non vede più la sua opera come modificazione della «plastica sociale». Ma proprio per questa coscienza l'artista, attraverso l'arte, attraverso l'intensificazione delle capacità dell'arte di rendere visibili nessi celati, cerca di sollevare nella memoria e di attualizzare i valori e le norme universalistici e quelli basati su esperienze antropologiche di validità generale.

Anche il dialogo tra storia dell'arte e storia della civiltà viene ripreso – con un rapporto contraddittorio con la transavanguardia. Da un lato gli artisti qui presentati cercano di creare e reinterpretare ancora le allegorie storico-culturali e le citazioni di storia dell'arte (dal manierismo fino al suprematismo, dall'arte sacrale medievale fino alle tendenze spirituali smaterializzanti del 20° secolo), dall'altro nelle loro opere non si

anthropologische Erfahrungen gründenden Werte und Normen wieder durch die Kunst, durch die Intensivierung jener Fähigkeit der Kunst, verborgene Zusammenhänge sichtbar zu machen, ins Gedächtnis zu heben und zu aktualisieren.

Auch der Dialog mit der Kunst- und Kulturgeschichte wird erneut geführt, wobei sich eine widersprüchliche Beziehung zur Transavanguardia erkennen läßt. Denn einerseits versuchen die hier gezeigten Künstler weiterhin die kulturgeschichtlichen Allegorien und die kunsthistorischen Zitate (vom Manierismus bis zum Suprematismus, von der mittelalterlichen sakralen Kunst bis zu den spirituellen, entmaterialisierenden Tendenzen des 20. Jh.) zu benutzen und umzudeuten, andererseits findet man aber in ihren Arbeiten nicht die uferlose Ironie der Transavanguardia, sondern die permanente Suche nach anthropologischen Urformen und Archetypen. Die kulturelle Metapher wird in ihrer Arbeit nicht bloß als Dialog mit der Kulturgeschichte und dem Mythos, sondern als Verkörperung der allgemeinsten anthropologischen Existenzerfahrungen begriffen.

So gesehen ist für diese römischen Künstler die ästhetische Strategie der Transavanguardia ebenso ein überschrittenes und historisches Phänomen, wie die evolutionistisch-linguistischen Tendenzen der 60er und 70er Jahre, gegen die sich die Transavanguardia noch mit der Rehabilitierung der sinnlichen Ausstrahlung des Bildes, mit der neuen Körperlichkeit, mit dem subjektiven Historismus und mit der radikalisierten kulturellen Metapher wandte.

Die Künstler akzeptieren nicht mehr die Vorstellung einander bekämpfender Tendenzen, sondern lehnen sie als schematische Sicht der Ding ab und versuchen bewußt aus dem Kreis der sogenannten Kunstentwicklung auszubrechen. Sie betrachten als selbstverständlichen Zustand, was der Transavanguardia als ein zu erreichendes Ziel erschien. Darum ist für sie auch die formale Eklektik keine Strategie mehr, sondern eine selbstverständliche Realisa-

trova l'ironia senza sponde della transavanguardia bensì la ricerca permanente di archetipi e forme originarie sacrali antropologici. Nelle loro opere la metafora culturale non viene solamente concepita come dialogo con la storia della civiltà e il mito bensì come incarnazione delle più comuni esperienze antropologiche dell'esistenza.

Da questo punto di vista, per questi artisti romani, la strategia estetica della transavanguardia è tanto un fenomeno storico distante quanto le tendenze evoluzionistico-linguistiche degli anni '60 e '70 contro le quali la transavanguardia si rivoltava con la riabilitazione del fluido sensuale dell'immagine, con la nuova corporalità, con lo storicismo soggettivo e con la metafora culturale radicalizzata.

Gli artisti non accettano più l'idea di tendenze in lotta tra di loro ma la rifiutano come visione schematica delle cose e tentano coscientemente di uscire dalla cerchia del cosiddetto sviluppo dell'arte. Per loro è palese quello che per la transavanguardia sembrava meta da raggiungere. Perciò per loro l'ecclettica formale non è più una strategia ma una evidente forma di realizzazione che si riferisce sempre alla possibilità di manifestazioni di esperienze e vicende esistenziali eterne.

Le opere degli artisti romani visualizzano i nuovi simboli delle esperienze esistenziali formalizzate nei miti e nelle filosofie, e allo stesso tempo le strategie dello scetticismo, proveniente da una posizione rassegnata di filosofia della storia come pensiero razionalista, che determinano la creazione estetica alla fine del 20° secolo. Questa rassegnazione riflette la problematica dell'artista in un'epoca in cui la forma non è più intesa come metafora attiva, efficiente ed evidente bensì come manifestazione della volontà artistica di poter creare dei nessi formalizzabili come evidenza visuale speculativa.

In fin dei conti quest'arte è un dialogo tranquillo e meditativo con la forma, un occuparsi della problematica della percettibilità visuale del flusso energetico. E così si pone la domanda melanconica se la forma

tionsform, die sich immer auf die Möglichkeiten der Manifestation existentieller Erfahrungen und Grunderlebnisse bezieht.

Die Arbeiten der römischen Künstler visualisieren zugleich die neuen Sinnbilder der in den Mythen und Philosophien formalisierten existentiellen Erfahrungen und die Strategien der Skepsis, die einer resignativen geschichtsphilosophischen Position entstammen und das ästhetische Gestalten am Ende des 20. Jh. bestimmen. Diese Resignation reflektiert die Problematik des Künstlers in einer Epoche, in der die Form nicht mehr als aktive, wirksame und evidente Metapher verstanden wird, sondern als Manifestation des künstlerischen Bestrebens, formalisierbare Zusammenhänge als visuelle Evidenz überhaupt schaffen zu können.

Letztendlich ist diese Kunst ein stiller, meditativer Dialog mit der Form, eine Auseinandersetzung mit der Problematik der visuellen Erfaßbarkeit. Und so stellt sich die melancholische Frage, ob die gestaltete Form wirklich existentielle Inhalte in sich bergen kann, oder ob sie bloß eine schmerzhaft schöne Metapher der Erinnerung an die Form ist. Diese resignative Weisheit ist mit einer alexandrinischen Schönheit untrennbar verbunden.

modellata possa veramente portare in sè contenuti esistenziali o se sia soltanto una metafora dolorosamente bella della memoria della forma. Questa saggezza rassegnata è collegata insolubilmente ad una bellezza alessandrina.

CE
1
R
E
2
RE

Achille Bonito Oliva

Roms Ultima Generazione · L'ultima generazione di Roma

Die neuen Kunstformen entwickeln sich im Zeichen eines wiedergefundenen Strebens nach der Idee der Totalität, die als Möglichkeit des Kunstwerkes verstanden wird, nicht nur den fragmentarischen Drang des schöpferischen Subjektes darzustellen, sondern auch seine Beziehung zur Welt. Diese Beziehung ist das Ergebnis eines Begründungsprozesses durch ein linguistisches Modell, das in sich eine Vision der Kunst und der daraus resultierenden Beziehung des Künstlers mit der Wirklichkeit zur Synthese bringt.

Nunmehr nährt sich die Kunst von einer geheimen geistigen Energie, die im Gebrauch überhaupt nicht improvisierter, sondern vielmehr durchdachter Darstellungsformen und -modalitäten ihre eigenen Erscheinungen eicht.

Dies bedeutet keineswegs den Verlust der Spontaneität und der expressiven Vitalität; es bedeutet vielmehr die Wiedererlangung von kulturellen Schichten, durchsetzt mit Erinnerungen und gleichzeitig fähig, die gestische Energie, die die Verwirklichung eines Werkes begleitet, festzuhalten. Abstrakte Chiffre, gestalterisches Vermögen, Ornament und erzählerischer Drang verschmelzen zu einem Bild: im Fieber einer ausführenden Zeit ist dieses Bild fähig, die futuristische Beschleunigung und zugleich das metaphysische Verlangsamen in sich zu fassen.

Die Künstler der Ultima Generazione beabsichtigen nicht mehr, das Fragment und die Vorläufigkeit zu rühmen, sondern vielmehr die Erhöhung des Subjekts im schöpferischen Augenblick, der eine wiedergefundene Verbindung zu den Dingen ermöglicht, eine Beziehung wechselseitiger organischer Durchdringung, die das Streben nach Totalität innerhalb der historischen Avantgarden in Erinnerung ruft.

Verdienst der Transavanguardia war es gewesen, die Frage der kulturellen Autonomien wiedereingeführt zu haben, nachdem der in den 60er und 70er Jahren herrschende Internationalismus alle Kulturen nach hegemonistischen amerikanischen Modellen

Le nuove forme dell'arte si sviluppano all'insegna di una tensione ritrovata verso l'idea di totalità, intesa come possibilità dell'opera di rappresentare non soltanto la frammentaria pulsione del soggetto che la crea, ma anche la sua relazione con il mondo. Tale relazione è il frutto di una fondazione, quella di un modello linguistico che sintetizza dentro di sè una visione dell'arte ed il conseguente rapporto dell' artista con la realtà.

Ormai l'arte è nutrita da una segreta energia mentale che calibra le proprie apparizioni, attraverso l'uso di forme e modi di rappresentazione che non hanno nulla di improvvisato ma piuttosto di meditato.

Questo non significa perdita della spontaneità e della vitalità espressiva, quanto piuttosto il recupero di piani culturali sedimentati di memoria e nello stesso tempo capaci di trattenere l'energia gestuale che accompagna la realizzazione dell'opera. Cifra astratta e potenzialità figurativa, ornamentazione e pulsione narrativa, fondano un' immagine immersa nella temperatura di un tempo esecutivo capace di accogliere l'accellerazione futurista ed il rallentamento metafisico insieme.

L'Ultima generazione artistica di Roma non intende più celebrare il frammento e la precarietà, quanto piuttosto la possibile elevazione del soggetto mediante il momento creativo, fondatore di una ritrovata connessione con le cose, un rapporto di organica compenetrazione che ricorda la tensione verso la totalità delle avanguardie storiche.

La transavanguardia ha avuto il merito di ristabilire il problema delle autonomie culturali, dopo che l'internazionalismo imperante degli anni Sessanta e Settanta aveva omologato tutte le culture sui modelli egemoni americani.

Dopo il ristabilimento del genius loci un'effettiva valenza antropologica abita l'opera d'arte, anche quella dei giovani artisti, seppure è possibile rintracciare in essa un desiderio di complessità e di totalità espressiva che si pone come una sorta collante generazionale. Ma non è casuale per esempio

gleichgeschaltet hatte. Nach der Wiedereinsetzung des genius loci wohnt eine effektive anthropologische Wertigkeit dem Kunstwerk inne, auch bei den jungen Künstlern, wenn es auch möglich ist, darin einen Wunsch nach Komplexität und expressiver Totalität aufzuspüren, der sich als ein mögliches Bindeglied zwischen den Generationen erweist. Aber es ist kein Zufall, daß man zum Beispiel in den neuesten deutschen Arbeiten eine neometaphysische Spannung verspürt, welche den neoexpressionistischen Eifer der letzten Jahre hinter sich läßt. In diesen jungen Künstlern findet man eine überlegtere Gestik, verbunden mit einer tiefliegenden kulturellen Erinnerung, die in ein Bild mündet, in dem eine künstlerische Linie vorherrscht, die von Boecklin ausgehend oft bis De Chirico reicht.

Bei den jungen amerikanischen Künstlern findet man einerseits eine Hinwendung zu offen surrealistischen Modellen, von Dalì bis hin sogar zu Ernst; andererseits den Geschmack an der Bildkonstruktion, die von den historischen Avantgarden die Vorliebe für das artikulierte System der Maschinen und den düsteren Farbsinn wieder aufgreift. Kulturelle Stereotypen und Codes, die an einen gängigen Geschmack gebunden sind, bieten auch Gelegenheit zu linguistischen Operationen höherer Ordnung, gemäß einem kulturellen Geschmack, der an eine Aufmerksamkeit denken läßt, die mit der Konzeptkunst in Verbindung steht.

In der italienischen Kunst herrscht eine Vielfalt von Strömungen vor, die man auf eine Geisteshaltung zurückführen kann, die eher das formale Resultat bevorzugt – verstanden als sprachliche Zwangs- und Gliederungsidee – als den gestischen Augenblick des Schaffens. Der künstlerische Ausdruck folgt somit eher aus einem System als einer Anhäufung von Bruchstücken.

Die junge Malerei strebt nach einem Ergebnis, das keinen Bruch zwischen Abstraktem und Figurativem zuläßt, sondern in einem ausgewogenem Gleichgewicht zwischen den verschiedenen Formen allenfalls die Verflechtung unterschiedlicher Kunst-

vedere nel lavoro tedesco più attuale una tensione neometafisica che sorpassa l'empito neoespressionista degli ultimi anni. In questi giovani artisti si rintraccia una gestualità più meditata, collegata ad una memoria culturale sedimentata che porta come sbocco verso l'immagine in cui prevale una linea che va da Boecklin ed arriva spesso a De Chirico.

Nei giovani artisti americani si rintraccia da una parte un'attenzione verso modelli scopertamente surrealisti che corrono da Dalì ed arrivano anche ad Ernst, dall'altra il gusto della costruzione di un 'immagine che riprende delle avanguardie storiche l'amore per il sistema articolato della macchina ed il senso cupo del colore. Stereotipi culturali e codici legati ad un gusto corrente diventano anche occasione di operazioni linguistiche alla seconda, secondo un gusto culturale che ricorda un'attenzione legata all'arte concettuale.

Nell'arte italiana prevale una pluralità di orientamenti riportabile ad una mentalità che privilegia il risultato formale, inteso come idea di costrizione e di articolazione linguistica, piuttosto che il momento gestuale del fare. L'espressione è conseguenza di un sistema piuttosto che di un accumulo di frammenti.

La giovane pittura tende verso un risultato che non consente fratture tra astratto e figurativo ma semmai favorisce l'intreccio tra diversi linguaggi, in un equilibrio bilanciato tra le varie forme. Idea e forma vivono una situazione compenetrata per cui nessuna delle due preesiste all'altra. L'opera non è nè la dimostrazione di un teorema, secondo il vecchio adagio concettuale, e nemmeno un edonismo puramente gestuale, secondo un rovesciamento vitalistico, che però non è mai appartenuto alla transavanguardia.

Ora prevale il senso della costruzione dell'opera, ed è in questa direzione il collegamento ideale con movimenti delle avanguardie storiche che hanno praticato tale idea dell'arte. Perciò i rimandi verso il passato della pittura sono molteplici e non disdegnano collegamenti eterodossi, fuori in ogni caso da adesioni puristiche che non possono

sprachen begünstigt. Idee und Form durchleben eine Situation, in der sie sich durchdringen und folglich keine der anderen vorausgeht. Das Werk ist weder Nachweis eines Theorems, wie ein alter Sinnspruch besagt, noch ist es rein gestischer Hedonismus, gemäß einer vitalistischen Umkehr, die freilich niemals Anliegen der Transavanguardia gewesen war.

Gegenwärtig überwiegt der Sinn für die Konstruktion des Werkes; in diese Richtung geht auch die ideelle Verbindung mit Bewegungen innerhalb der historischen Avantgarden, die diese Auffassung der Kunst praktiziert haben. Deshalb sind die Verweise auf die Vergangenheit der Malerei zahlreich und verschmähen nicht heterodoxe Verknüpfungen, sie stehen in jedem Fall außerhalb jeglicher Verpflichtung gegenüber dem Purismus, welcher für eine Künstlergeneration wie die heutige nicht angemessen sein kann. Diese Generation konnte sich auf einer Kunstszene zusammenfinden, wie sie vom Werk der von der Transavanguardia vollbrachten Annullierungsarbeit bevorzugt wurde, einer Kunstszene, in der sich im Begriff der künstlerischen Schöpfung die Umwandlung vom Experiment zur Erfahrung vollzogen hat.

Das heißt, daß es möglich ist, die Kunst zu benutzen, um neben einem rein formalen Ergebnis den Grundstein für einen Augenblick der Intensität zu legen, besser gesagt, für den Augenblick eines Erkennens visueller Intensität, welchen die Kunst allein geben kann.

Die Malerei – abstrakt oder figurativ – neigt zum Darstellbaren, zur Möglichkeit einer visuellen Darstellung eines Bezugssystems von Zeichen, die letztendlich immer ein Bild aufbauen. Mit der Idee dieser Konstruktion identifiziert sich heute der Künstler, weil er darin einen spirituellen Standort findet, der in der Lage ist, ihm Identität und gesellschaftliche Verankerung zu geben, ihn also zur Außenwelt zurückzuführen.

Die Skulptur hat ihre eigenen Modi gefunden, zum Beispiel in der Installation seit der Entgrenzung in den vergangenen Jahrzehnten; nun verbindet sie Formen der

appartenere ad una generazione artistica, come quella attuale. Questa ha potuto trovarsi sulla scena dell'arte favorita dall'opera di azzeramento compiuta dalla transavanguardia che ha trasformato il concetto della creazione artistica da esperimento ad esperienza.

Ciò significa che è possibile utilizzare l'arte per fondare, accanto ad un risultato puramente formale, un momento d'intensità, anzì il momento di una conoscenza di intensità visiva che soltanto l'arte può dare.

La pittura, astratta o figurativa che sia, tende verso un figurabile, la possibilità di una rappresentazione visiva di un sistema di relazione di segni che alla fine costruiscono sempre un'immagine. Con l'idea di questa costruzione s'identifica ora l'artista, in quanto ritrova una posizione spirituale, una collocazione capace di dargli identità e ancoraggio sociale, a rapportarlo cioè verso l'esterno.

La scultura ha ritrovato modi suoi propri, dopo lo sconfinamento dei decenni scorsi nell'installazione, ora coniuga forme della propria tradizione, con preferenze verso il linguaggio astratto e primario, senza tralasciare i rimandi verso il recupero di un'idea di progetto di ascendenza costruttivista. In campo scultoreo si fronteggiano esiti diversi eppure complementari tra loro. Da una parte opere che affrontano per intero la tradizione della scultura all'interno della stessa storia dei materiali, dall'altra opere che si misurano con l'esterno attraverso una relazione di forme e volumi che scandiscono lo spazio.

Comune è l'esigenza di non tralasciare esiti espressivi che prima sembravano appartenere soltanto alla pittura. In ogni caso sembra superata l'idea tradizionale della monumentalità che ha sempre accompagnato la scultura nella sua evoluzione.

Ora la scultura si muove con sottili oscillazioni, in ogni caso con una costante capacità di compenetrarsi con l'esterno senza traumi ma anche senza falsi mimetismi. Anche in questo caso prevale l'idea della costruzione e del sistema di relazione tra

eigenen Tradition mit Vorlieben für eine abstrakte und wesentliche Ausdrucksweise, ohne Querverweise auf die Rückgewinnung einer Projektauffassung konstruktivistischer Aszendenz außer acht zu lassen.

Auf dem Gebiet der Bildhauerei stehen einander unterschiedliche aber dennoch komplementäre Ergebnisse gegenüber. Einerseits die Werke, die sich mit der Tradition der Skulptur insgesamt innerhalb der Geschichte der Materialien auseinandersetzen, andererseits die Werke, die sich durch eine Beziehung von Formen und Volumen, die den Raum akzentuieren und skandieren, mit der Außenwelt messen.

Beiden gemeinsam ist die Forderung, keine Ausdrucksmittel und Ergebnisse außer acht zu lassen, die vorher nur der Malerei zugehörig schienen. Auf jeden Fall scheint die traditionelle Idee der Monumentalität überwunden zu sein, die die Skulptur in ihrer Evolution ständig begleitet hat.

Nun bewegt sich die Skulptur in feinen Schwingungen, auf jeden Fall mit einer beständigen Fähigkeit, sich mit der Außenwelt wechselseitig zu verbinden, ohne Traumen aber auch ohne falsche Anpassung. Auch in diesem Fall herrscht die Auffassung der Konstruktion und des Beziehungssystems von Elementen vor, im Versuch, die Pattstellung eines auf rhetorische Weise fragmentarischen Werkes zu überwinden.

Im Sinne von Adorno kann man sagen, daß die Kunstwerke, die sich inmitten der äußeren und düsteren Momente der Wirklichkeit nicht als Trost verkaufen wollen, sich dennoch jenen angleichen müssen. Heute zu sagen, radikale Kunst, ist so wie zu sagen, düstere Kunst mit Schwarz als Hintergrund. In der Verarmung der Mittel, zu der das Ideal des Schwarz führt, verarmt auch die Frucht des Dichtens, des Malens, des Komponierens; die am weitest fortgeschrittenen Künste führen dem, was sich an der Grenze des Verstummens befindet, vitale Energie zu. Dessen ungeachtet trägt die schwarze Kunst Züge, die, wenn sie ihr letztes Wort wären, die historische Verzweiflung besiegelten.

gli elementi, nel tentativo di superare lo stallo di un'opera retoricamente frammentaria.

«Per sussistere in mezzo ai momenti esterni e più cupi della realtà le opere d'arte che non vogliono vendersi come consolazione devono farsi uguali a quelli. Dire oggi arte radicale è lo stesso che dire arte cupa col nero come colore di fondo. Nell'impoverimento dei mezzi che l'ideale del nero comporta, si impoverisce anche il frutto del poetare, del dipingere, del comporre; le arti più progredite immettono una energia vitale in ciò che si trova ai limiti dell'ammutolimento. Ciò nonostante l'arte nera porta tratti che se fossero la sua parola definitiva, sigillerebbero la disperazione storica». (Adorno)

La pittura e la scultura negli anni Ottanta ha fatto tesoro della generosa apertura della transavanguardia e nello stesso tempo hanno recuperato colori netti come il bianco e il nero, proprio per cercare di scandire la possibilità di un progetto dolce che non produce un'arte da fermo, di tipo ideologico come l'arte povera, bensì un'opera in bilico tra il piacere della materia ed il senso spirituale della forma.

Quest'arte ha adottato un'antica sentenza che data 1567 di V. Danti: «La grazia non ha fermezza di luogo» (Primo libro del «Trattato delle perfette proporzioni di tutte le cose che imitare e ritrarre si possano con l'arte del disegno»). Questo significa che non esistono dogmi formali e processuali, ma sicuramente esiste la necessità di formalizzare lo stato di grazia e dare ad esso una condizione di esemplarità.

«La forma migliore è sempre già data e che nessuno tema di attuarla anche se nei suoi elementi è opera di altri. Ne abbiamo abbastanza del genio originale. Ripetiamoci all'infinito». (Loos)

Nel caso degli artisti dell'Ultima generazione quello che è ripetitivo è soltanto l'atteggiamento verso il proprio processo creativo, impostato su costanti che permettono di parlare di progetto dolcemente costruttivo, in cui l'uso di colori bianco e nero si danno come sintomi di tale posizione.

Die Malerei und die Bildhauerei der 80er Jahre hatten sich die großzügige Öffnung der Transavanguardia zunutze gemacht, und zugleich reine Farben wie Schwarz und Weiß wiederentdeckt; um damit zu versuchen, die Möglichkeit eines wohlgefälligen Projektes zu betonen, das nicht eine unbewegte Kunst mit einer Ideologie wie die der arte povera hervorbringt, sondern ein Werk, das zwischen der sinnlichen Lust an der Materie und dem spirituellen Sinn der Form im Gleichgewicht ist.

Diese Kunst hat sich einen alten Denkspruch von V. Danti aus dem Jahre 1567 zu eigen gemacht: „Die Anmut ist nicht an einen bestimmten Ort gebunden". (1. Buch des „Traktat der perfekten Proportionen aller Dinge, die man mit der Kunst des Zeichnens nachahmen und darstellen kann"). Das bedeutet, daß es keine formalen und prozessualen Dogmen gibt, aber sicherlich die Notwendigkeit besteht, jenen Zustand der Anmut in Formen auszudrücken und ihm dadurch einen exemplarischen Rang zu geben.

Für Loos ist die beste Form immer schon vorgegeben und niemand sollte fürchten, sie anzuwenden, auch wenn sie in ihren Einzelteilen das Werk anderer ist. Wir haben genug vom Originalgenie. Wiederholen wir uns ohne Ende!

Im Fall der Künstler der Ultima Generazione ist das, was sich wiederholt, nur die Haltung gegenüber dem eigenen kreativen Prozeß, der sich auf Konstanten stützt, die erlauben von einem in wohlgefälliger Weise konstruktiven Projekt zu sprechen, in dem der Gebrauch der Farben Schwarz und Weiß sich als Symptom einer solchen Haltung zeigt.

Diese Haltung präsentiert sich als eine Darbietung, welche die aktuelle Kunstproduktion in Szene setzt, die den Spruch von Blanchot („Nicht mehr aus der Inspiration einen Weg zum Werk machen, sondern aus dem Werk einen Weg zur Inspiration") in eine Praxis umgekehrt hat, welche an das weißglühende Fieber des Schaffens glaubt. Die aber mit Bangen die Konstruktion des

Questa si presenta come una mostra che mette in scena la produzione attuale dell'arte che ha capovolto l'adagio di Blanchot («Non più fare dell'ispirazione un cammino verso l'opera ma fare dell'opera un cammino verso l'ispirazione») in una pratica che crede alla temperatura incandescente del fare. Ma soprattutto sorveglia con trepidazione la costruzione dell'opera che è il risultato compenetrato di una nuova saggezza sistemica, un'oscillazione calibrata tra il piacere della creazione e il rigore morale della forma. Come una partitura di Mozart.

Domenico Bianchi Pratica una pittura in cui l'elaborazione è fonte e matrice di germinazione del segno. I colori di stampo nero adoperati servono anche a tenere l'opera in bilico tra pittura e disegno, con una manualità che ritorna continuamente sui propri passi e continua a rielaborare un linguaggio fatto di vari spessori e rimandi, tutti legati comunque alla condizione dell'artista. Quella di chi vive l'arte come biologia, come un respiro che parte dal basso e poi si allarga con un movimento di elevazione che è quello epifanico dell'apparizione del segno, della sua liberazione dallo stato informe della materia e del suo approdo alla soglia dell'evidenza formale.

Lucilla Catania Opera nell'ambito esplicito della scultura, mediante forme che utilizzano volutamente materiali legati alla tradizione del mezzo. Il risultato porta ad un linguaggio concreto, autosufficiente ed autoreferente. La forma coniuga il materiale senza differenza tra astratto e figurativo, in un intreccio stilistico teso verso una nozione di figurabile, un'immagine volutamente sospesa sul filo della rappresentazione. In ogni caso categorico è l'uso della scultura, l'affermazione di un linguaggio che poggia il suo valore sulla citazione della scultura classica, fatta di volume, luce e plasticità. Geometria e organicità delle forme coesistono nella medesima opera sintomo di un metodo creativo aperto e nello stesso tempo selettivo, teso ad una disciplina morale ed estetica insieme.

Bruno Ceccobelli Utilizza la pittura

Werkes überwacht, welches sowohl ein von systematischer Weisheit durchdrungenes Resultat wie auch eine ausgewogene Schwingung zwischen der Freude am Schaffen und der moralischen Strenge der Form ist. Wie eine Partitur von Mozart.

In Domenico Bianchi's Malerei ist die Ausarbeitung Quell und Matrix der Entstehung des Zeichens. Die Farben schwarzer Prägung dienen auch dazu, das Werk im Gleichgewicht zwischen Malerei und Zeichnung zu halten, mit einer Handfertigkeit, die immer wieder auf ihre eigenen Bahnen zurückkehrt und eine Ausdrucksweise ausarbeitet, die verschiedene Verhältnisse und Verweise aufzeigt, die auf jeden Fall alle an den eigenen Zustand des Künstlers gebunden sind. Den Zustand eines Menschen, der die Kunst als Biologie erlebt, wie einen Atemzug, der von unten kommt und sich mit einer Erhöhungsbewegung ausbreitet, die das Epiphanische an der Erscheinung des Zeichens ist, seiner Befreiung aus dem umgeformten Zustand der Materie und seiner Landung an der Schwelle der formalen Evidenz.

Lucilla Catania arbeitet ausdrücklich im Bereich der Skulptur, durch Formen, die bewußt Materialien verwenden, die an die Tradition des Mediums gebunden sind. Das Ergebnis führt hin zu einer konkreten, sich selbst genügenden und selbstbezogenen Ausdrucksweise. Die Form verbindet das Material ohne Unterschied zwischen Abstraktem und Figurativem zu einem stilistischen Flechtwerk, das sich zu einer Kenntnis des Darstellbaren hinwendet, ein Bild, absichtlich in Schwebe gehalten auf dem Faden der Darstellung. In jedem Fall erfolgt die Darstellung mit Hilfe der Skulptur; Bestätigung einer Ausdrucksweise, die ihren Wert auf das Zitat der klassischen Skulptur stützt, die aus Volumen, Licht und Plastizität besteht. Die Geometrie und die Organizität der Formen existieren nebeneinander im selben Werk, welches Symptom einer offenen kreativen aber zugleich doch selektiven Methode ist, die sich auf eine moralische und zugleich ästhetische Disziplin richtet.

come campo di elaborazione visiva del profondo, evidenziamento di una memoria che non procede per frammenti, seppure li utilizza, ma cerca di ricostruire il tessuto d'insieme che la regge. Il movimento dunque delle sue immagini tende alla formulazione di un ordine linguistico che cerca l'affioramento del significato. L'uso dei colori scuri non è casuale nella sua opera, il nero è la condizione cromatica di partenza che man mano viene riscattata dall'elaborazione progressiva dell'opera che tende al riscatto e alla trasformazione della materia.

Gianni Dessi Utilizza la pittura per restituire l'immagine interna del linguaggio, intesa come luogo dell'intreccio indissolubile di apporti diversi tra loro eppure legati da un collante invisibile, da una sostanza spirituale dell'arte. Per questo compie un periplo intorno alle possibilità della pittura, passando tra cifra astratta e potenzialità figurativa, tra ornamentazione e pulsione narrativa, per fondare un'immagine completamente immersa nella propria essenzialità. L'arte è l'effetto di un gesto che cerca il rapporto tra stato fluido della natura e stato formalizzante della cultura che vive di una coscienza metalinguistica dell'arte.

Giuseppe Gallo Il teatro pittorico di Giuseppe Gallo potrebbe portare come titolo un emblema posto sotto il segno della tensione equilibrata delle forme. Il quadro presentato vive sotto la doppia dimensione spaziale del centro e della piazza, metafisicamente intesi come luoghi che coagulano anche il vuoto e lo misurano in termini di esatta concretezza visiva ma senza cadere nella dimensione di un'aberrante geometria. Una tensione mentale regge la composizione, fatta di piani che costruiscono un ritmo che non perde mai il piacere della materia pittorica. Piani squadrati eppure realizzati a mano si intersecano tra loro per produrre un intreccio equilibrato tra energia mentale e spessore materiale. La riconoscibilità dell'immagine aiuta a riconoscere il tragitto che le icone compiono per situarsi alla fine sul piano di un nuovo ed inedito equilibrio che permette di parlare di intelligenza delle forme.

Für Bruno Ceccobelli ist die Malerei visuelles Aufarbeitungsgebiet des Tiefinneren, Hervorhebung einer Erinnerung, die nicht mittels Fragmenten vorgeht, obgleich sie sie verwendet, sondern die versucht, das Gewebe des Ganzen, das sie zusammenhält, zu rekonstruieren. Deshalb neigt die Dynamik seiner Bilder dazu, eine linguistische Ordnung zu formulieren, die das Auftauchen der Bedeutung sucht. Die Verwendung dunkler Farben ist in seinem Werk kein Zufall; Schwarz ist die chromatische Ausgangsbedingung, die nach und nach durch die fortschreitende Ausarbeitung des Werkes freigesetzt wird, welches zur Befreiung und Umformung der Materie strebt.

Gianni Dessi benutzt die Malerei, um das innere Bild der Sprache wieder herzustellen. Ein Bild, verstanden als Ort einer unauflöslichen Verflechtung von Komponenten, die, obgleich unterschiedlich, dennoch untereinander von einem unsichtbaren Bindeglied zusammengehalten werden, von einer geistigen Substanz der Kunst. Deshalb umschifft er die Möglichkeiten der Malerei, indem er zwischen abstrakter Chiffre und gestalterischem Vermögen, zwischen Ornament und erzählerischem Drang navigiert, um ein Bild zu schaffen, das vollkommen eingetaucht ist in die eigene Wesentlichkeit. Die Kunst ist für ihn Resultat einer Geste, die die Beziehung zwischen fließendem Zustand der Natur und formalisierendem Zustand der Kultur sucht; Beziehung, die sich von einem metalinguistischen Bewußtsein der Kunst nährt.

Giuseppe Gallo Das malerische Theater von Giuseppe Gallo könnte als Titel ein Emblem tragen, das im Zeichen der ausgewogenen Spannung der Formen steht. Sein Bild steht in der doppelten räumlichen Dimension des Zentrums und des offenen Platzes, die auf metaphysische Art und Weise als Orte verstanden werden, die auch die Leere zusammenfließen lassen und sie mit exakter visueller Genauigkeit messen – ohne in die Dimension einer abwegigen Geometrie zu verfallen. Eine geistige Spannung beherrscht die Komposition, die aus mehre-

Nunzio Le sculture di Nunzio sono l'applicazione fantastica di un'idea dell'arte indissolubile nelle sue tecniche tradizionali. Se la scultura lavora ad occupare uno spazio tridimensionale, la pittura occupa lo spazio mentale e bidimensionale della rappresentazione. L'opera diventa il punto d'approdo di un uso incrociato delle due diverse tecniche. L'artista assume tutto questo come presupposto: scandisce lo spazio esterno con le sue forme astratte che conservano su di sé gli accidenti materici come se provenissero da una memoria informale.

Piero Pizzi Cannella Utilizza il mezzo pittorico per piegarlo sul versante della rappresentazione figurativa, di un'immagine capace di superare l'apparenza fenomenica delle cose e di puntare allo scheletro delle cose, alla concretezza essenziale degli elementi fondamentali della pittura: la luce, l'ombra, il segno e la materia. L'immagine conserva una granulosità materica che non interdice la superficie bidimensionale del quadro, una cifra stilistica con un carattere arcaico e moderno. Arcaica è la temperatura del colore che ricorda quello della Scuola Romana, moderna è la scarnificante efficacia del segno che isola la figura svuotandola dei contorni, con un gusto metafisico che ama però la granulosità del colore.

Marco Tirelli Le trame linguistiche di Marco Tirelli usano l'arma del rigore formale che si muove con disinvoltura tra gli elementi astratti ed i semplici reperti figurativi. L'artista astrae e poi ridá al frammento la dignità di un ordine formale che sa utilizzare insieme il senso proliferante della natura ed anche il ritmo della macchina. La memoria nell'opera di Tirelli non funziona in termini di regressione culturale ma ha forza di procedere in avanti mediante l'elasticità di un metodo capace di assumere diversi movimenti, quello del paesaggio e quello della costruzione. Entrambi concorrono a fondare un linguaggio che ha la forza di astrarsi da ogni riferimento concreto, in quanto niente esiste fuori dalla concretezza dell'arte.

ren Ebenen besteht, die einen Rhythmus vorgeben, der aber niemals die Lust an der malerischen Materie verlieren läßt. Rechteckige, mit der Hand ausgeführte Ebenen überschneiden einander, um ein ausgewogenes Geflecht von geistiger Energie und materieller Dichte hervorzubringen. Durch die Erkennbarkeit des Bildes kann man den Weg erkennen, den die Ikonen zurücklegen, um sich endlich auf der Ebene eines neuen und noch nie dagewesenen Gleichgewichtes niederzulassen, welches erlaubt, von der Intelligenz der Formen zu sprechen.

Nunzio Die Skulpturen von Nunzio sind die phantastische Anwendung einer Kunstauffassung, die von ihren traditionellen Techniken untrennbar ist. Während die Skulptur einen dreidimensionalen Raum einnehmen will, nimmt die Malerei den geistigen und zweidimensionalen Raum der Darstellung in Anspruch. Sein Werk wird Lande-, ja sogar Kreuzungspunkt der beiden unterschiedlichen Techniken. Der Künstler nimmt all das als Voraussetzung: er akzentuiert und skandiert den Außenraum mit seinen abstrakten Formen, die in sich die Zufälle der Materie bewahren, so als ob sie aus einer nicht formalisierten Erinnerung kämen.

Piero Pizzi Cannella verwendet das malerische Ausdrucksmittel dazu, um es der figurativen Darstellung eines Bildes anzupassen, das fähig ist, den phänomenologischen Schein der Dinge zu überwinden und zum Kern der Dinge zu kommen, zum konkreten Wesen der grundsätzlichen Elemente der Malerei: Licht, Schatten, Zeichen und Materie. Das Bild bewahrt eine stoffliche Körnigkeit, die aber die zweidimensionale Oberfläche des Bildes nicht ausschließt, eine stilistische Chiffre mit archaischem und modernem Gepräge. Archaisch ist die Farbtemperatur, die an die der Scuola Romana erinnert, modern ist die entfleischende Eindringlichkeit des Zeichens, das die Figur isoliert, indem sie sie ihrer Konturen beraubt, mit einem metaphysischen Geschmack, der aber dennoch die Körnigkeit der Farbe liebt.

Marco Tirelli Die künstlerischen Sprachspiele von Marco Tirelli benutzen die Waffe der formalen Strenge, die sich ungezwungen zwischen abstrakten Elementen und einfachen figurativen Fundstücken bewegt. Der Künstler abstrahiert und gibt dann dem Fragment wiederum die Würde einer formalen Ordnung, die sowohl den wuchernden Trieb der Natur als auch den Rhythmus der Maschine zu verwenden weiß. Im Werk Tirellis fungiert die Erinnerung nicht als kulturelle Regression, sondern hat die Kraft, vorwärts zu gehen durch die Anpassungsfähigkeit einer Methode, die imstande ist, verschiedene Bewegungen aufzugreifen: jene der Landschaft und jene der Konstruktion. Beide wetteifern darum, eine Sprache zu begründen, die die Kraft hat, sich von jedem konkreten Bezug zu abstrahieren, da nichts jenseits der Konkretheit der Kunst existiert.

Domenico Bianchi

Senza titolo (Ohne Titel) 1987–89
2 Holzschnitte auf Papier
Museo d'Arte Contemporanea Castello di Rivoli 1989

Senza titolo (Ohne Titel) 1989
Holzschnitt auf Papier, 250 x 330 cm
Museo d'Arte Contemporanea Castello di Rivoli 1989

Senza titolo (Ohne Titel) 1987–89
5 Holzschnitte auf Papier
Museo d'Arte Contemporanea Castello di Rivoli 1989

In jeder Arbeit von Domenico Bianchi verbirgt sich eine quälende Frage, die sich auf die Kompetenz des Kunstwerks beziehungsweise auf die Autonomie des Bildes bezieht. Bianchi thematisiert die geheimnisvolle „Macht" des Bildes, die eigentlich nur in einem bestimmten Kontext existiert: in einer Konvention, die dem Bild eine metaphorische Funktion gibt, nämlich die Funktion der Nachahmung der Wirklichkeit oder die Funktion der Erfindung der Wirklichkeit. Insoweit ist ein Kunstwerk grundsätzlich etwas Irrationales, das sich in verschiedenen Kontexten legitimiert. Ein wichtiger Kontext ist die komplexe Beziehung zwischen den immanenten Strukturen der Kunst und der Außenwelt, mit ihren sozialen, politischen, kulturhistorischen, aber auch symbolischen, sprachlichen, philosophischen Determinationen.

Domenico Bianchi hat in den letzten Jahren verschiedene Expansionsstrategien ausgearbeitet, mit deren Hilfe er versucht, die komplexe, reiche, oft ambivalente Wechselbeziehung zwischen formimmanenten, strukturellen, ikonographischen Systemen des Bildes und den „außerbildlichen" Strukturen zu modellieren. Was bei ihm im Brennpunkt des Bildes steht, ist die Visualisierung des Enigmatischen, des Geheimnisvollen. Das Bild spielt eine Vermittlungsrolle zwischen dem sich in ihm verbergenden Enigma und den objektiv-historisch existierenden Zeichensystemen. Die Rezeption des Bildes gleicht dem Entdeckungsprozeß dieses geheimnisvollen, verborgenen Inhaltes, der in den konventionellen Zeichensystemen visualisiert wird. Die Spannung zwischen konventionellen und individuellen, besser gesagt, die Beziehung zwischen historisch-kollektiven und individuellen, in der historischen Zeit willkürlich „wandernden" Wertgefügen, erfüllt das Oeuvre von Domenico Bianchi mit intellektueller Unruhe und Komplexität. Aber seine Fragestellung bezieht sich nicht nur auf diese „interne", ontologische Problematik. Nicht nur die Suche nach dem Wesen der Kunst wird bei ihm thematisiert, sondern auch die Expansionsmög-

In ogni opera di Domenico Bianchi si cela una tormentosa domanda che si riferisce alla competenza dell'opera d'arte, all'autonomia dell'immagine. Bianchi tematizza il «potere» misterioso dell'immagine che in sostanza esiste solo in un contesto determinato: in una convenzione che dà all'immagine una funzione metaforica, e cioè la funzione dell'imitazione della realtà, oppure quella dell'invenzione della realtà. In questo, un'opera d'arte è essenzialmente qualcosa d'irrazionale che si leggittima in contesti diversi. Un contesto importante è il rapporto complesso tra le strutture immanenti dell'arte e quelle del mondo esterno, con le loro determinazioni sociali, politiche, storico-culturali ma anche simboliche, linguistiche e filosofiche.

Negli ultimi anni Domenico Bianchi ha elaborato diverse strategie d'espansione con il cui aiuto cerca di modellare la correlazione complessa, ricca, spesso ambivalente, tra i sistemi immanenti alla forma, strutturali, iconografici dell'immagine e le strutture «extraiconiche». Per lui il focus dell'immagine è la visualizzazione dell'enigmatico, del misterioso. L'immagine fà da mediatore tra l'enigma celato in essa e le semiotiche esistenti in modo oggettivo-storico. La percezione dell'immagine è il processo di scoperta di questo contenuto celato, misterioso, che viene visualizzato nei convenzionali sistemi semiotici. L'opera di Domenico Bianchi è piena di irrequietezza e complessità intellettuali, a causa della tensione tra sistemi di valori convenzionali ed individuali, o meglio detto, della relazione tra sistemi storico-collettivi e sistemi individuali, vaganti nel tempo storico. Ma la sua problematica non è solo ontologica, «interna», Bianchi non solo tematizza la ricerca dell'essenza dell'arte ma dà forma anche al potenziale d'espansione dell'arte. A tal fine ha ideato un procedimento singolare: il raddoppiamento dell'immagine «originale» da un lato, e la scomparsa dell' «originale» dall'altro. Bianchi fà delle xilografie su carta che, come stampa diretta, mantengono la qualità della superficie dell'oggetto originale. L'originale scompare, la stampa

lichkeiten der Kunst werden gestaltet. Dafür hat er eine eigene Methode erfunden: die Verdoppelung des „originalen" Bildes einerseits, das Verschwinden des „Originalen" andererseits. Bianchi macht Holzschnitte auf Papier, die als direkter Abdruck die Qualität der Oberfläche des originalen Objektes bewahren. Das Original verschwindet, während der Abdruck (in einem Exemplar) übrig bleibt. Das geheimnisvolle, verborgene, unbekannte und unfaßbare Bild (das oft durch eine dicke Wachsplatte bedeckt und als autonomer Körper innerhalb eines Werkes ins Zentrum gestellt wurde) existiert nur durch seine Kopie, durch die einzige Nachahmung des wahren Objektes. Das Original wird verdoppelt und verschwindet dadurch. Dieser metaphorische Akt ist ein umgekehrter neuplatonischer Umwandlungsprozeß, der mehrere Interpretationen evoziert. Die Nachahmung der Nachahmung der wahren Dinge führt hier zur „wahren" Kunst, weil das Ergebnis der Nachahmungsprozesse das einzig übrig bleibende Kunstwerk ist. Diese Interpretation wäre die Rehabilitation der Kunst – im Gegensatz zur platonischen Kunstfeindlichkeit und zum Wahrheitsfetischismus. Das Kunstwerk ist jedoch das einzige, das etwas Totales, Komplettes bietet – alles andere ist nur eine Fiktion. Die andere Interpretation ist eben skeptisch: es bleibt hier unklar, ob das Ergebnis die originale Komplexität beinhaltet, oder eine neue Entität darbietet.

Indem Bianchi die Wände der gegebenen Räumlichkeiten mit den Abdrucken bedeckt, verändert er die originale architektonische Raumsituation soweit, daß der Raum nun als Environment, als dreidimensionale Hülle des Bianchi-Bildes fungiert. Dies bedeutet wieder eine weitere Phase des Verschwindens des Originalen, weil nicht

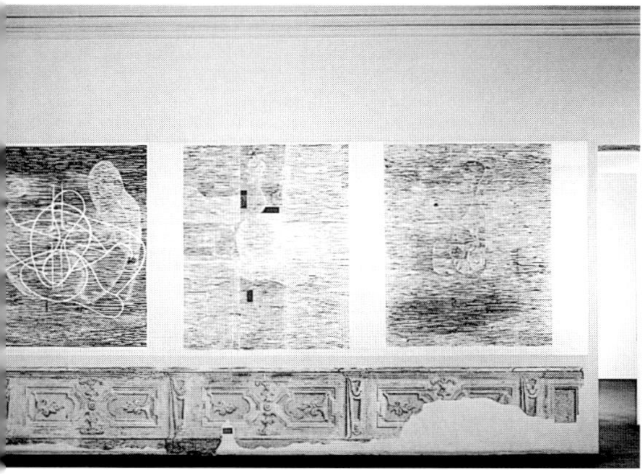

Ohne Titel
1987–89
3 Holzschnitte auf Papier
Museo d'Arte Contemporanea Castello di Rivoli 1989

rimane (come esemplare unico). L'immagine misteriosa, celata, sconosciuta ed inafferabile (che spesso è coperta da una piastra spessa di cera e come un corpo autonomo messa al centro di un'opera) esiste solo attraverso la sua copia, attraverso un'unica imitazione del vero oggetto. L'originale viene raddoppiato e dopo ciò scompare.

Questo atto metaforico è un processo di trasformazione neoplatonico inverso che evoca più d'una interpretazione. Qui l'imitazione dell'imitazione delle cose vere porta all'arte «vera» perchè il risultato del processo d'imitazione è l'unica opera d'arte rimasta. Quest'interpretazione sarebbe la riabilitazione dell'arte – contrariamente all'animosità platonica verso l'arte e al feticismo della verità. L'opera d'arte però è l'unica cosa che offre qualcosa di totale, di completo – tutte le altre cose sono solo finzione. L'altra interpretazione è scettica: rimane oscuro se il risultato comprenda l'originale complessità o se offra una nuova entità.

Bianchi, coprendo le pareti con le stampe, trasforma la situazione architettonica originale dell'ambiente cosicchè questo funge da environment, da involucro tridimensionale dell'immagine. Ciò significa un'altra fase della scomparsa dell'originale perchè non sono solo le stampe a trasformare l'ambiente, ma è anche l'ambiente, con le pareti e le strutture architettoniche, a trasformare le forme dei fogli stampati. Quello che prima era un processo «negativo», cioè l'eliminazione dell'originale, qui viene interpretato come qualcosa di creativo, di inventivo, di «positivo». Con questa espansione Bianchi inverte l'opera d'arte e pone al centro la confrontazione tra «interno» ed «esterno».

nur die Abdrücke den Raum verändern, sondern der Raum, die Wände, die verschiedenen architektonischen Gliederungen auch die Formen der Druckblätter verändern. Was noch vorher ein „negativer" Prozeß war, nämlich die Entfernung vom Originalen, wird hier als etwas Kreatives, Konzipierendes, „Positives" interpretiert. Mit dieser Expansion funktioniert Bianchi das Kunstwerk um und stellt die Konfrontation zwischen „Innen" und „Außen" ins Zentrum.

Ohne Titel, 1988
Holzschnitt
auf Papier
250 x 200 cm

Lucilla Catania

Immateriale (Immateriell) 1991
Schwarzer Marmor, 150 x 140 x 30 cm

Veduta D'insieme (Gesamtansicht) 1990
Biennale Venezia

Tre Onde, Monti e Valli (Drei Wellen, Berge und Täler) 1991
Marmor
Galleria San Andrea Savona

Die Auseinandersetzung von Skulptur und Raum vollzieht sich im Werk Lucilla Catanias auf eine äußerst subtile und zurückhaltende Art, ohne vordergründiges Pathos, ohne den Umraum lärmend und beherrschend in Besitz zu nehmen, oder ihn als Hülle der Skulpturen zu vereinnahmen und zu verfremden. Die Objekte schmiegen sich dem Boden an, erstrecken sich in der Horizontalen und ragen kaum auf. Es sind meist schwellende oder wellenförmige Gebilde aus Marmor oder Zementguß. Schweres, hartes oder ausgehärtetes Material also, das jedoch durch seine Formgebung wie in Schwingung versetzt erscheint und sich wie weiches und verformbares Material gebärdet. Trotz ihrer autonomen skulpturalen Gestalt und ihrer unaufdringlichen Präsenz im Raum stehen die Werke in einer innigen Beziehung zum Ort ihrer Präsentation, weil in ihrer Struktur auch ihr Verhältnis zum Boden und zur Wand als konstanter Koordinaten räumlicher Orientierung und Ausrichtung mit thematisiert wird. Diese Beziehung nachzuvollziehen, verlangt nach einer Beweglichkeit des Blickes, welcher der Bewegtheit der plastischen Körper, ihren Wölbungen, Höhlungen, Verdickungen und Zuspitzungen folgt und sie in Beziehung setzt zur Fläche des Bodens als Ort der Schwerkraft und der Anziehung, dessen unsichtbarer tektonischer Kraft sich die Skulpturen zugleich anschmiegen und entgegensetzen.

Auffallend sind die höhlen- und tunnelartigen Ausnehmungen und Durchbrüche an den Unterseiten der Arbeiten, wo der Raum gleichsam einen spaltbreit in die Körper eindringt, sie etwas vom Boden löst, wie um ihr Aufbäumen oder eine schleichende, kriechende Bewegung anzudeuten. So stellt sich in der horizontalen Ausrichtung eine Kontraktion des Volumens ein, eine schwellende Spannung zwischen Formerhebung und Auslaufen in den Raum.

Das Spiel der unsichtbaren Kräfte scheint in die Skulpturen eingeschrieben, erhält durch sie sichtbare Gestalt. Insofern sind es Bewegungsformen, die die verfor-

Il confronto tra scultura e spazio nell' opera di Lucilla Catania avviene in modo molto sottile e riservato, senza patos evidente, senza impossessarsi dell'ambiente ed invaderlo, senza estraniarlo o ingerirlo come involucro delle sculture. Gli oggetti aderiscono al suolo, si estendono orizzontalmente e quasi non si ergono. Sono forme enfiate o a onda in marmo o in getto di cemento. Quindi un materiale pesante, duro oppure indurito che tuttavia per la propria forma sembra fatto vibrare ed atteggiarsi a materiale morbido e plasmabile. Nonostante la sua forma scultorea autonoma e la sua discreta presenza nello spazio, le opere hanno un rapporto stretto col luogo della loro presentazione perchè nella loro struttura viene tematizzato anche il loro rapporto con il pavimento e la parete quali coordinate costanti d'orientamento spaziale e d'allineamento. Per capire questo rapporto bisogna avere lo sguardo mobile che segua il movimento dei corpi plastici, il loro bombarsi, il loro incavarsi, il loro ingrossarsi e il loro aguzzarsi. Che li ponga relazione con la superficie del pavimento come luogo della forza di gravità e dell'attrazione alla cui invisibile forza tettonica le sculture aderiscono e contemporaneamente si oppongono.

Vistosi gli incavi ed i fori a forma di caverna e di tunnel sulle parti inferiori delle opere dove lo spazio, in certo qual modo penetra giusto giusto nei corpi, li solleva un pò dal pavimento come per accennare il loro impennarsi o un movimento strisciante e rampicante. Così nell'orientamento orizzontale si manifesta una contrazione del volume, una tensione crescente tra l'elevarsi e il perdersi nello spazio.

Il gioco delle forze invisibili sembra essere iscritto nelle sculture e attraverso loro ottiene una forma visibile. Da questo punto di vista sono le forme dinamiche ad intesificare materialmente le forze plasmanti. Per caratterizzare e soddisfare la spinta alla sensualizzazione dell'informe, sono essenziali il colore e la lucentezza dei materiali. Come manifestazione della mobilità e del transitorio, nelle opere è stata iscritta la loro natura

menden Kräfte materiell verdichten. Wesentlich ist die Farbe und der Glanz der Materialien, die den Drang nach Versinnlichung des Ungestalteten kennzeichnen und stillen. Als Manifestation des Beweglichen und Transitorischen ist den Arbeiten ihre ambivalente Natur eingeschrieben, die Versinnlichung ist immer auch von der Vorstellung der Entmaterialisierung durchdrungen. Der schwarze Marmor etwa wird durch das Polieren zu einem spiegelnden Körper, in den das Licht einzudringen scheint, um die Form aufzulösen. Dieses spiegelnde Licht unterhöhlt die Wucht der plastischen Masse, es huscht mit dem wandernden Blick dahin, schmiegt sich an, gleitet weiter und belebt die ohnehin bewegte Form. So signalisiert das harte, undurchdringliche und starre Material Weichheit, Transparenz und Geschmeidigkeit. Die Eigenschaften anderer Stoffe gelangen an ihm zur Darstellung und erhöhen so den Reiz des Disparaten, das in einer einzigen lapidaren und abstrahierten Form in Erscheinung tritt.

Oder aber die Künstlerin suggeriert Bewegung durch Schichtungen, wie in „Desertica", wo das Moment des Transitorischen an die Gestalt einer in sich gestürzten, verflachenden Welle, oder auch an eine beharrlich vom Wind dahingewälzte und permanent umgeschichtete Sanddüne erinnert. Dann wird der umgebende neutrale Boden zum Resonanzraum landschaftlicher Bezüge und die Bewegungsform zu einer bewegenden Metapher ursprünglicher und zeitloser Naturkraft. Auch die Werktitel verweisen mitunter auf Vorgänge und Erscheinungen in der Natur. Wenn eine rotfarbene, dreifach gewellte, spitz zulaufende Keilform und eine aus drei Einzelstücken bestehende Skulptur, die in spitzen Formenden gipfelt als „Drei Wellen" und „Berge und Täler"

Desertica 1990
roter Marmor
150 x 25 x 90 cm

ambivalente, la sensualizzazione è sempre colmata anche dall'immaginazione della smaterializzazione.

Lucidando il marmo nero, esso diviene un corpo a specchio nel quale la luce sembra penetrare per sciogliere la forma. La luce riflessa mina la forza della massa plastica, sfreccia con lo sguardo vagante, aderisce, scivola via e dà vita alla forma già mossa. Così il materiale duro, impenetrabile e rigido segnala morbidezza, trasparenza e flessuosità. Le caratteristiche di altri materiali si mostrano in esso ed elevano l'attrattiva del disparato che si manifesta in un'unica forma lapidaria ed astratta.

Oppure l'artista suggerisce un movimento attraverso stratificazioni, come in «Desertica», dove il momento del transitorio ricorda la forma di un'onda rovesciata e morente oppure una duna continuamente e tenacemente spinta e trasformata dal vento. Allora il pavimento neutrale intorno all'opera diventa cassa di risonanza di riferimenti paesistici e la forma dinamica commovente metafora di una forza naturale primordiale ed atemporale. Talvolta anche i titoli rimandano a processi e manifestazioni nella natura: Se un cuneo aguzzo, di colore rosso, con tre onde, e una scultura, consistente di tre parti, culminante in una forma aguzza, vengono chiamati «Tre onde» e «Montagne e valli», si è spronati ad allacciare una rete complessa di associazioni tra gli oggetti e la natura, tra parole, ricordi e manifestazioni plastiche.

Lo sguardo abituato a verdersi di fronte qualcosa, si sente sfidato e spinto ad uno spostamento della propria prospettiva. Deve rivolgersi al pavimento, al suolo come a un campo dell'immagine sul quale egli stesso incede. Camminare diventa parte dell'osservazione; comincia a pesare il rapporto del proprio corpo con il pavimento, il suo essere

benannt sind, so ist man aufgefordert, ein vielschichtiges Netz von Assoziationen zwischen den Objekten und der Natur, sowie zwischen Worten, Erinnerungen und plastischen Manifestationen zu knüpfen.

Der an ein Gegenüber gewohnte Blick sieht sich herausgefordert und zu einer Verschiebung seiner Perspektive veranlaßt. Man muß sich dem Boden als einem Bildfeld, auf dem man selbst schreitet, zuwenden. Das Gehen wird zu einem Teil der Betrachtung, die Bezogenheit des eigenen Körpers zum Boden, seine Gebundenheit an die Schwerkraft fällt nun ins Gewicht. In der Überschaubarkeit des Raumes entspinnt sich ein pulsierendes Netz poetischer Bezüge, das um ein Zentrum schwingt: der Entstehung des Plastischen und seiner Versinnlichung aus den Bedingungen des leeren Raumes und seiner unsichtbaren Kräfte.

legato dalla forza di gravità. Nei limiti della visione ambientale si sviluppa una rete pulsante di riferimenti poetici che vibra intorno a un centro: e cioè la nascita del plastico e la sua sensualizzazione dalle condizioni dello spazio vuoto e delle sue forze invisibili.

Bastone (Stab) 1991,
Immateriale (Immateriell) 1991
Marmor
Frankfurter Kunstverein 1991

Bruno Ceccobelli

Palmina 1984/85
Mischtechnik auf geteertem Papier
320 x 200 cm

Urrà (Hurra) 1988
Mischtechnik
220 x 140 cm (geschlossen)

Urrà (Hurra) 1988
Mischtechnik
220 x 267 cm (geöffnet)

Die Kunst von Bruno Ceccobelli thematisiert die ständige Suche nach Ausdrucksmöglichkeiten universeller Gültigkeiten, die sich in Mythen und Religionen, aber auch in unserem ästhetischen Gedächtnis verkörpern. Um eine Authentizität der Form erreichen zu können, untersucht er die Bedeutungsreserve archetypischer Formen und uralter Symbole, die sich in den verschiedensten Kulturen und Zivilisationen immer auf die tieferliegenden existenziellen Erfahrungen unseres Seins beziehen.

Seine Kunst ist ein paradigmatisches Phänomen der 80er, 90er Jahre. Es geht bei ihm nicht einfach um das Neuinterpretieren der alten, „geschichtlich vorhandenen" Symbole und archetypischen Formvorstellungen, sondern es ist sein Bestreben, den Kampf um Ausdrucksmöglichkeiten gleichzeitig mit der Neudefinition der Mythen zu visualisieren. Mit anderen Worten: er versucht die gegenwärtig noch mögliche Form zu definieren, aber zugleich damit visualisiert er seine methodologischen, ästhetischen und ethischen Überlegungen. In deren Rahmen analysiert er die Gültigkeit der Form im Hinblick auf ihre zeitgemäße Träger- und Vermittlungsfunktion für unterschiedliche Wertvorstellungen und geistige Zusammenhänge. Das heißt: für Bruno Ceccobelli ist die Frage der Form nicht mehr evident und selbstverständlich, nicht mehr ein ästhetisches Problem, sondern eine zutiefst ethische, weltanschauliche Überlegung.

Bruno Ceccobelli versucht die geistigen Beziehungen zwischen Mensch und Zeit (Geschichte), zwischen Mensch und Raum (Innenwelt des Künstlers aber auch Außenwelt des Kosmos) wieder herzustellen. Darum werden seine Bilder und Objekte in einem breiten Zusammenhang vorgestellt, wobei die einzelnen Objekte immer an sein spezifisch individuelles Zeichensystem von archetypischer Bedeutung anknüpfen. Nicht nur durch die „quasi-rituelle" Wiederholung derselben Sinnbilder, sondern auch durch die ständig neudefinierten Kontexte der Symbole des Universums werden seine Bilder als sakrale Objekte deutbar. Jedes Bild,

L'arte di Bruno Ceccobelli tematizza la ricerca continua di mezzi atti ad esprimere validità universali personificate nei miti e nelle religioni ma anche nella nostra memoria estetica. Per poter raggiungere l'autenticità della forma egli indaga sulla riserva di significati di forme archetipe e di simboli arcaici che nelle varie culture e civiltà si riferiscono sempre ad esperienze esistenziali profondamente ancorate nel nostro quotidiamo.

La sua arte è un fenomeno paradigmatico degli anni '80 e '90. Sua intenzione è non solo la reinterpretazione dei vecchi simboli «storicamente esistenti» e dei concetti archetipi della forma, ma anche la visualizzazione della lotta per le possibilità d'espressione e della ridefinizione dei miti. Con altre parole: egli cerca di definire la forma attualmente ancora possibile ma allo stesso tempo in essa rende visibili le sue riflessioni metodologiche, estetiche ed etiche. Nell'ambito di queste riflessioni analizza la validità della forma riguardo alla sua moderna funzione di portatrice e mediatrice di differenti concetti di valore e di nessi intellettuali e poetici. Ciò significa che per Bruno Ceccobelli il problema della forma non è più evidente e palese, non è più un problema estetico ma una riflessione profondamente etica ed ideologica.

Bruno Ceccobelli cerca di ristabilire i rapporti spirituali tra Uomo e Tempo (storia), tra Uomo e Spazio (mondo interno dell'artista ma anche mondo esterno dell'universo). Perciò i suoi quadri ed i suoi oggetti vengono proposti in un nesso vasto in cui i singoli oggetti si riallacciano sempre alla sua specifica semiotica individuale di significato archetipo. Non solo per la ripetizione «quasi rituale» degli stessi simboli, ma anche per i contesti continuamente ridefiniti dei simboli dell'universo, i suoi quadri si possono interpretare come oggetti sacrali. Ogni quadro, ogni oggetto, ogni disegno, appartiene a una serie di quei nessi che rappresentano le esperienze fondamentali e le loro strutture. E' proprio questa la tensione contraddittoria, l'ambivalenza intellettuale che riempie l'arte

jedes Objekt, jede Zeichnung gehört zu einer Kette jener Zusammenhänge, die die grundlegendsten Erfahrungen und ihre Strukturen darstellen. Dies ist eben die widersprüchliche Spannung, die intellektuelle Ambivalenz, die die Kunst von Bruno Ceccobelli mit dramatischer Kraft und quälender Selbstprüfung im Sinne Dostojevskys erfüllt: es gibt nicht mehr mythisch-evidente, zweifellose Gültigkeiten, die das Leben und das Verhältnis des Menschen zu seinen geistigen Selbstreflexionen bzw. zu seinen Fiktionen über Absolutum und Vergänglichkeit, über das Wesentliche und das Unwichtige bestimmen, weshalb der Künstler in seinem ästhetisch-autonomen Kompetenzgebiet eine selbstbestimmte, mit künstlerischen Mittel gestaltete, auf die individuelle Authentizität aufgebaute „Quasi-Welt" schaffen soll. Dieses „Sollen" bedeutet einen ästhetischen aber auch einen ethischen Imperativ. Diese ethische Fragestellung ist der tiefere Sinn des Oeuvres von Ceccobelli. Jede Arbeit berichtet nicht nur über die Möglichkeiten der Form, die die geistigen Zusammenhänge zwischen den verschiedenen Regionen des Seins durch ihre Katalysatorrolle bewußt macht und sinnlich verkörpert, sondern auch über den verborgenen „inneren" Kunstkommentar des Künstlers selbst, der in seinem Oeuvre vor allem seine eigene Position zur Problematik der Kunst zwischen universeller Transzendenz und individueller ästhetisch-poetischer Sinnlichkeit thematisiert. Das bedeutet, daß Ceccobelli gerade diesen Widerspruch ins Zentrum seiner Arbeit stellt. Er stimuliert die sinnliche Ausstrahlung des Kunstwerks, weil er keine anderen Methoden hat, die – nicht mehr – mythisch-evidenten, objektiv-ontologischen Strukturen erkennbar zu machen und überzeugend darzustellen. Darum sind

Ti Tengo
(Ich halte dich)
1988
Sessel,
Mischtechnik
40 x 40 x 85 cm

di Bruno Ceccobelli di una forza drammatica, di un esame di coscienza tortuoso nel senso dostojevskiano: non esistono più delle indubbie validità mitico-evidenti che determinano la vita ed il rapporto dell'Uomo con le sue autoriflessioni spirituali, o meglio, con le sue finzioni su absolutum e fugacità, sull'essenziale e l'irrilevante; per cui l'artista nel suo campo di competenza estetico-autonomo deve costruire un «quasi extra mondo» autonomo, realizzato con mezzi artistici, basato sull'autenticità individuale. Questo «dovere» è un imperativo estetico ma anche etico. Questo problema etico è il senso più profondo dell' opera die Ceccobelli. Ogni opera non ci parla solo delle possibilità della forma che, attraverso il suo ruolo di catalizzatore, ci fa consapevoli delle relazioni spirituali tra le diverse regioni dell'essere e che le personifica sensualmente, ma ci parla anche del celato commento artistico «interno» dell'artista stesso che nella sua opera taumaturgica tematizza soprattutto la propria posizione verso la problematicità dell'arte tra trascendenza universale e sensualità individuale ed estetico-poetica. Ciò significa che Ceccobelli mette proprio questa contraddizione al centro del suo lavoro. Egli stimola l'emanazione sensuale dell'opera d'arte perchè non ha altri metodi per rendere riconoscibili le strutture – non più – mitico-evidenti ed oggettivo-ontologiche, e per rappresentarle in modo convincente. Perciò i suoi quadri non sono semplicemente icone ridefinite che portano in sè la loro evidenza – e funzione spirituale (cioè la presentazione di validità spirituali) – senza una discrepanza tra essere ed essenza, tra soggetto ed oggetto, tra sviluppo e regolarità; bensì sono anche dei commenti cifrati, a mò di diario, sul ruolo dell'artista e sul suo rapporto con i modelli di validitá generale, o

sind seine Bilder nicht einfach neudefinierte Ikonen, die ihre Evidenz – und geistige Funktion (nämlich die Präsentation der spirituellen Gültigkeiten) – in sich selbst tragen, ohne Diskrepanz zwischen Sein und Wesen, zwischen Subjekt und Objekt, zwischen Entwicklung und Gesetzmäßigkeit; sondern sie sind auch tagebuchartige, chiffrierte Kommentare über die Rolle des Künstlers und über seine Beziehung zu allgemeingültigen Modellen bzw. zu Fiktionen der Wertstrukturen.

Wenn Ceccobelli die Kunstformen der sakralen Kunst oder die Sinnbilder der Mythologie zitiert, thematisiert er keine nostalgische Haltung, sondern versucht er die Bedeutungsmöglichkeiten zu überprüfen, um neue, authentische, komplexe Zeichenstrukturen zu schaffen, die ihre Entstehungsprozesse und Ambivalenz involvieren.

meglio, con le finzioni delle strutture dei valori.

Ceccobelli non tematizza un atteggiamento nostalgico quando cita le forme artistiche dell'arte sacrale o i simboli della mitologia, ma cerca invece di esaminare le varie possibilità di significato per creare delle nuove strutture semiotiche autentiche e complesse, che involgano la loro realizzazione e la loro ambivalenza.

il tempo non ha figli, 1990
Materialcollage Mischtechnik, Holz
62 x 211 x 4,5 cm

Gianni Dessi

Vie (Wege) 1991
Mischtechnik: Holztafel, Spiegel, Leinwand, Ölfarbe
155 x 117 cm

Punto per Punto (Punkt für Punkt) 1991
Mischtechnik: Holztafel, Glas, Ölfarbe
79 x 69 cm

L'un per l'altro (Einer für den Anderen) 1991
Mischtechnik: Ölfarbe,Holz,Eisen

Das Bild ist für Gianni Dessi der Ort der Intensivierung formimmanenter, struktureller und ontologischer Fragestellungen. Jedes Werk thematisiert Vorstellungen, die sich auf die Funktion des Bildes beziehen. Dadurch wird die formimmanente, strukturelle, semantische Fragestellung sofort in einem viel breiteren Kontext visualisiert: im Kontext des historisch immer anders definierten Dialogs zwischen Kunst als immanenter Welt und der Wirklichkeit – als real existierender und funktionierender Fiktion unserer Erfahrungen.

In diesem Zusammenhang ist die Kunst von Gianni Dessi einerseits universalistisch, andererseits phänomenologisch. Universalistisch insofern, als sie eine metaphorische Verbindung zwischen immanenten Strukturen und der Wirklichkeit vorstellt. Das Bild ist als bildnerische Metapher der Wirklichkeit zu verstehen. Das Bild ist ein Mikrokosmos, eine Totalität, die die Totalität der Wirklichkeit in sich konzentriert. Die Methoden zu dieser Konzentration sind die Intensivierung aller möglichen bildnerisch-sensuellen Wirkungen und die radikale Neuinterpretation der alten Symbole. Gianni Dessi operiert gleichzeitig mit der Mimesis – d. h. mit der Darstellung unterschiedlichster Dinge – und mit der Abstraktion – also mit der Verallgemeinerung und Spiritualisierung der Dinge, um ein allgemeingültiges, universales, zeitloses System zu schaffen. Diese universalistische Vorstellung verbindet Dessis Kunst mit der Tradition der Avantgarde, aber auch mit der Tradition der Renaissance. Seine Kunst läßt sich auch in diesem historischen Kontext interpretieren. Die Frage, ob die Kunst Nachahmung der Wirklichkeit oder Repräsentation der Ideen, also der Fiktion der Wirklichkeit ist, wird bei ihm noch einmal gestellt.

Die Kunst von Gianni Dessi ist jedoch ein manieristisches Phänomen. Er arbeitet mit dem Vokabular der gesamten Moderne, seine Strukturanalyse weist modernistische, strukturalistische Züge auf, obwohl er gleichzeitig alle Modelle wieder in Frage stellt. Zweifel und Hedonismus, Ironie und Sinn-

Per Gianni Dessi l'immagine è il luogo dell'intensificazione di problematiche strutturali, ontologiche ed immanenti alla forma. Ogni immagine tematizza concetti che si riferiscono alla funzione dell'immagine. Con ciò la problematica immanente alla forma, strutturale e semantica viene prontamente visualizzata in un contesto molto più vasto: nel contesto del dialogo, storicamente sempre in altri modi definito, tra arte come mondo immanente e realtà come finzione realmente esistente e funzionante delle nostre esperienze.

In questo contesto, l'arte di Gianni Dessi da un lato è universalistica, dall'altro fenomenologica. Universalistica in quanto rappresenta un'unione metaforica tra strutture immanenti e realtà. Si deve intendere l'immagine come metafora figurativa della realtà. L'immagine è un microcosmo, una totalità che concentra in sè la totalità della realtà. I metodi per giungere a questa concentrazione sono l'intensificazione di tutti i possibili effetti figurativi sensuali e la reinterpretazione radicale dei vecchi simboli. Gianni Dessi opera contemporaneamente con la mimesi – cioè con la rappresentazione delle cose più varie –, e con l'astrazione – cioè con la generalizzazione e spiritualizzazione delle cose, per creare un sistema di validità generale, universale ed atemporale. Questo concetto universalistico unisce l'arte di Dessi alla tradizione dell'Avanguardia ma anche alla tradizione del Rinascimento. La sua arte può essere interpretata anche in questo contesto storico. Egli pone ancora una volta la domanda se l'arte è imitazione della realtà oppure rappresenta-

n per l'altro
ner für den andern)
91
schtechnik:
farbe, Holz, Eisen,
malte Wände

lichkeit sind bei ihm untrennbar miteinander verbunden. Der Zweifel und die rationalistische Skepsis sind seine intellektuellen Strategien, der Hedonismus des sinnlichen Bildphänomens ist ein Resultat der Intensivierung aller bildnerischen Mittel und visuellen Erfahrungen. Man könnte behaupten, daß Dessi gleichzeitig mit den intellektualistisch-rationalistischen Strategien der Moderne und mit der Sensibilisierung und Mythisierung der Postmoderne arbeitet. Er revidiert die rationalistisch-strukturelle Fragestellung durch die Betonung der Neuinterpretation vom Mythos des Bildes als Metapher des schöpferischen Aktes.

Für diese Revision sucht er seine neudefinierten Symbole, die er in einem neuen ikonographischen System strukturiert. Das Bildzentrum erhält bei ihm wieder eine weltanschauliche Bedeutung: es ist der Ort der Schöpfung, der Ort der Macht, der die Welt zusammenhält, es ist die mythische „Tür", durch die wir in eine andere Welt, in die Welt der metaphorischen und mythischen Gültigkeiten eintreten können. Die „Macht der Mitte" wird bei Dessi nicht nur im Rahmen des geschlossenen, mikrokosmischen Bildes thematisiert, sondern mit der universalistischen, expansionistischen Kunstidee verbunden. Dadurch wird das Zentrum des Bildes als das Zentrum der Welt interpretierbar. Diese ästhetische Haltung beinhaltet wiederum – in typisch manieristischer Weise – eine verborgene Ambivalenz: einerseits stellt man ein System, eine rationalistisch ablesbare, logische Struktur vor (wobei das Bild als Mittel des Bewußtmachens funktioniert), andererseits ist diese Vorstellung die Apotheose der ästhetischen Subjektivität, die das Ego ins Zentrum des Weltalls stellt. Die Frage, ob das Bild die ontologischen Strukturen der Welt repräsentiert, oder die subjektive Fiktion sinnvoll verkörpert, wobei die Welt nur als „concetto" des Künstlers im Sinn von Lomazzo und Zuccari erscheint, wird bei Dessi absichtlich nicht eindeutig beantwortet. Er spielt mit den verschiedenen Definitionsmöglichkeiten, ohne die absolute Gültigkeit des einen oder anderen Modells

zione delle idee, cioè della finzione della realtà.

Però l'arte di Gianni Dessi è un fenomeno manieristico: Egli lavora con il lessico di tutta l'arte moderna, la sua analisi strutturale presenta lati modernistici, strutturalistici – anche se egli allo stesso tempo mette in dubbio tutti i modelli. Per lui dubbio ed edonismo, ironia e sensualità sono collegati insolubilmente. Il dubbio e la scepsi razionalistica sono le sue strategie intellettuali, l'edonismo del fenomeno figurativo sensuale è il risultato dell'intensificazione di tutti i mezzi figurativi e di tutte le esperienze visive. Si potrebbe affermare che Dessi lavori contemporaneamente con le strategie intellettualistiche e razionalistiche del modernismo e con la sensibilizzazione e la mitizzazione del postmodernismo. Egli rivede la domanda razionalistica strutturale attraverso l'enfasi della reinterpretazione del mito dell'immagine come metafora dell'atto creativo.

Per realizzare questa revisione, egli cerca i suoi simboli ridefiniti che struttura in un contesto nuovo, in un nuovo sistema iconografico. Il centro dell'immagine riacquista ancora un significato ideologico: è il luogo della creazione, il luogo del potere che tiene unito il mondo, è la «porta» mitica attraverso la quale possiamo entrare in un altro mondo, nel mondo delle validità metaforiche e mitiche. Dessi tematizza il «potere del centro» non solo all'interno dell'immagine chiusa e microcosmica bensì lo collega all'idea dell' arte universalistica ed espansionistica.

Così si può interpretare il centro dell' immagine come il centro del mondo. Questa posizione estetica contiene ancora una volta – in modo tipicamente manieristico – un'ambivalenza nascosta: da una parte si propone un sistema, una struttura logica, leggibile in modo razionalistico (l'immagine funge da mezzo per una presa di coscienza) e dall'altra quest'idea è l'apoteosi della soggettività estetica che pone l'Ego al centro dell'universo. Dessi intenzionalmente non risponde con chiarezza alla domanda se l'immagine rappresenti le strutture ontologiche del mondo oppure se incorpori sensatamente la finzione

zu bestätigen. Seine manieristische Haltung entspringt dem Zweifel an der Ausschließlichkeit eines Systems; so versucht er, die verschiedenen metaphorischen Bedeutungen in einer fruchtbaren Komplexität zu vernetzen.

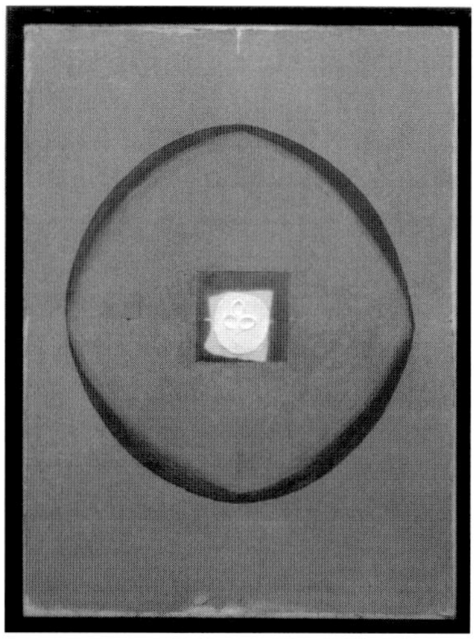

Tre Punti (Drei Punkte) 1991 Öl auf Japanpapier und Holz 133 x 101 cm

soggettiva, con il mondo che appare solo come «concetto» dell'artista secondo Lomazzo e Zuccari. Egli gioca con le diverse possibilità di definizione senza confermare la validità assoluta di uno o dell'altro modello. Il suo atteggiamento manieristico nasce dal dubbio sull'esclusività di un sistema; egli tenta di unire i diversi significati metaforici in una feconda complessità.

Giuseppe Gallo

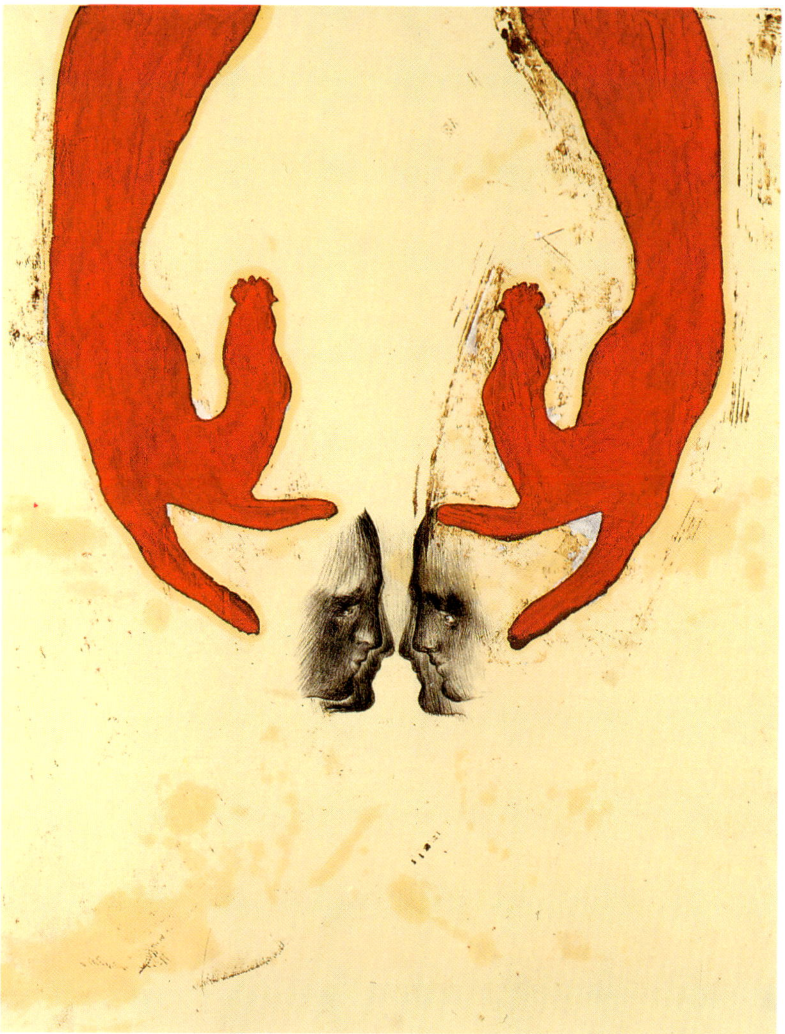

Buon Giorno (Guten Tag) 1991
Öl und Feder auf Papier
46,5 x 37,5 cm

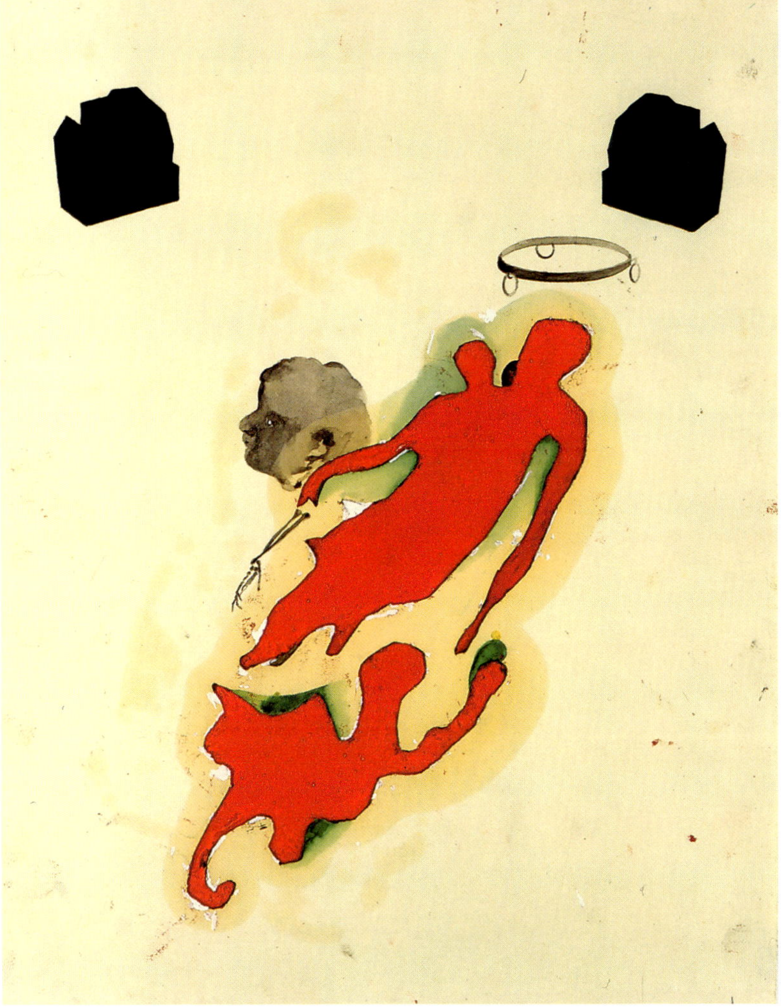

Paul Valéry 1991
Öl und Aquarell auf Papier
46,5 x 37,5 cm

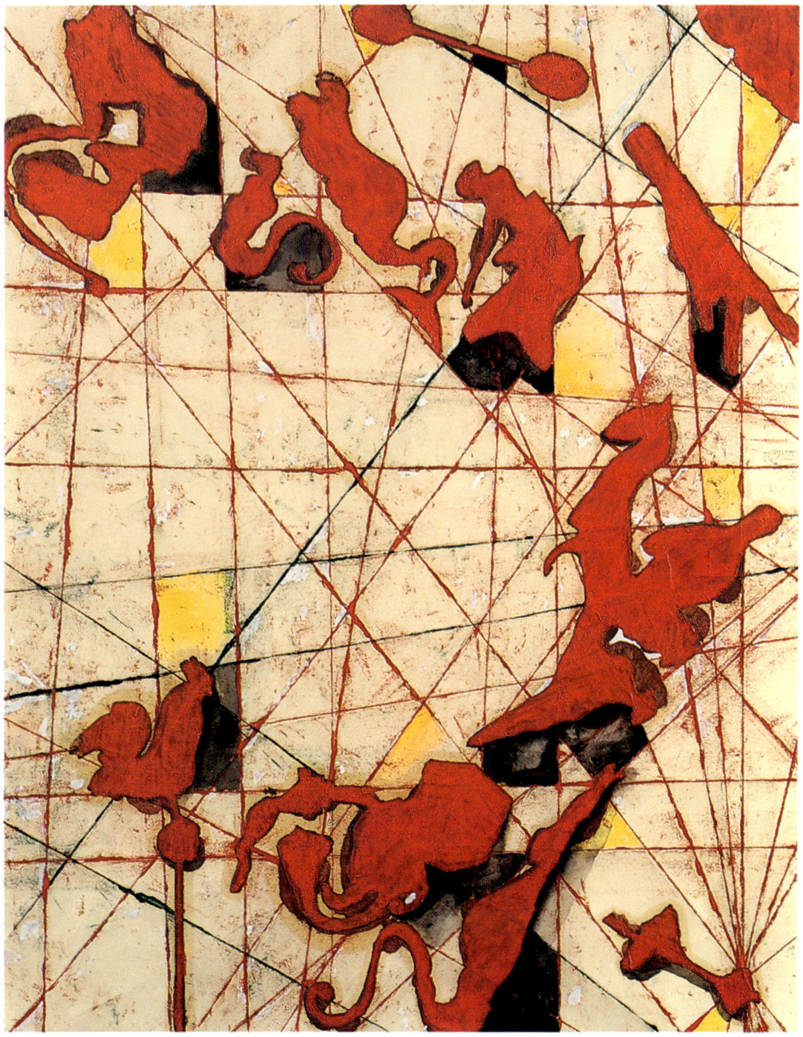

Memoria (Erinnerung) 1991
Öl und Aquarell auf Papier
46,5 x 37,5 cm

Giuseppe Gallo entwirft in seiner Malerei eine Welt der Metamorphosen, er schafft phantastisch zwiespältige Wesen von flüchtiger Gestalt, die im Bildgeviert wie in einem unauslotbarem Zwischenreich ihre Existenz fristen. Seine Methode der malerischen Figuration erinnert zuallererst an die Technik des Schattenspiels und operiert ebenso wie diese mit den Mitteln der Täuschung, der grotesken Verwandlung, und der atemberaubenden Akrobatik, die die Phantasie in Atem halten und die Betrachtung selbst zur Gratwanderung und zum Balanceakt machen.

Die rot ausgemalten Silhouettenformen von menschlichen und tierischen Gliedern und Körpern, die durch die Bildräume zu tanzen, zu fliegen oder in netzartige Gespinste verstrickt scheinen, sind weder plastisch modelliert, noch durch Details individualisiert. Es sind fleckige Formen, die man von ihren Rändern her zu bestimmen hat. Erst von den Konturen her kann sich ein gestalthaftes Erkennen entwickeln, das ins ungestaltete Innere Binnenformen projiziert und sich die Proportionen, das Verhältnis der Teile zueinander und ihre Lage im Raum vorzustellen versucht. Die schattenhafte Existenz dieser Motive läßt sich aber nicht als das Abbild eines Anderen, das den Schatten wirft, aufschlüsseln. Es gibt hier kein platonisches Höhlengleichnis aufzulösen. Denn diese schablonenhaften Gestalten sind Kunstwesen – autonome Realitäten – die, bisweilen abstrus gewachsen und verwachsen, die Logik der Täuschung konsequent zu Ende führen: Der Schatten, der keiner ist, kann auch Gestalten zeigen, die es nicht gibt.

Zu diesen roten Kunstwesen – also den fliegenden Menschen, die wie Kontinente in der ozeanischen Leere des Bildgrundes treiben; den tänzelnden Fingern, denen Hahnenköpfe entwachsen; den pilasterartigen Hermenwesen, die sich arabeskenhaft dahinschlängeln – gesellen sich mitunter minutiös gezeichnete und lavierte Gesichter und Köpfe. Zitate aus der Kunstgeschichte, die aber, wie durch die Entfernung von ihren Ursprüngen und die Wanderung durch die

Nella sua pittura, Gallo escogita un mondo pieno di metamorfosi; egli crea degli esseri fantasticamente discordanti, d'aspetto fuggevole, che nel quadro conducono la loro esistenza come in un pleroma insondabile. Il suo metodo di figurazione pittorica, prima di tutto, ricorda la tecnica delle ombre cinesi ed opera, come questa, con i mezzi dell'illusione, della trasformazione grottesca e dell'acrobazia mozzafiato che non dà tregua alla fantasia e che fa diventare l'osservazione stessa una camminata sull' orlo di un abisso e un atto di funambulismo.

Le siluette, dipinte di rosso, di membra e corpi umani e animali che nelle immagini sembrano ballare, volare oppure impigliarsi in reti, non sono nè modellate in modo plastico nè individualizzate con dettagli. Sono forme chiazzate che devono essere distinte dai loro contorni. Si può ravvisare la forma solo sviluppandone l'osservazione dei contorni. Questo distinguere i contorni proietta le forme interne nell'intimo amorfo e cerca di immaginare le proporzioni, il rapporto delle parti e la loro posizione nello spazio. Non si può spiegare l'esistenza indistinta di questi motivi come riflesso di un Altro che fà l'ombra. Qui non dobbiamo risolvere alcun mito della caverna platonico. Perchè queste figure schematiche sono esseri artificiali – realtà autonome – che, talvolta di corporatura astrusa e storta, portano coerentemente a compimento la logica dell'illusione: l'ombra che non è tale può anche mostrare delle figure che non esistono.

A questi rossi esseri artificiali – cioè agli uomini volanti che galleggiano come continenti nel vuoto oceanico dello sfondo; alle dita ballonzolanti da cui scaturiscono delle teste di gallo; agli esseri erma a mò di pilastri che serpeggiano ad arabesco – qualche volta si associano delle facce e delle teste minuziosamente disegnate e sfumate. Citazioni di storia dell'arte che però come per l'allontanarsi dalle loro origini, e per il viaggio nel tempo, ci sono pervenute solo quali segni frammentari. L'antichità e la propria visione dell'Uomo, affinata dal Rinascimento, la figura umanistica, nell'opera di Gallo è presente solo come

Zeit, nur mehr als fragmenthafte Zeichen auf uns gekommen sind. Die Antike und ihr von der Renaissance kultiviertes Menschenbild – die humanistische Kunstfigur – ist in Gallos Werk nur mehr als „Schatten" präsent. Der Manierismus wäre eher als Anknüpfungspunkt zu nennen. Doch das Verhältnis von Gallos Formensprache zu jener der Vergangenheit ähnelt der Beziehung seiner Schattenwesen zu den Gestalten im Licht. So wie diese nicht als reale Vorbilder existieren, gibt es auch keine vergangenen Stile, die ihre Schatten werfen, sondern höchstens eine Idee des Vergangenen, die im Gegenwärtigen – dem Bild – aufblitzt und den unwiederbringlichen Verlust des Alten heiter verschmerzt.

In einer von Gallos Skulpturen, die als „Utopia" betitelt ist, türmen sich tierische und menschliche Glieder, ein nackter Flötenspieler und ein Stern – alles in Metall gegossen – zu einer witzig-makabren Stele, an deren oberen Ende ein springendes Pferd über dem Abgrund schwebt. Es bildet in seiner grotesken, allen Regeln der Schwerkraft und der klassischen Proportionslehre spottenden Stellung, die Spitze eines atemberaubenden Konstrukts einander jonglierender Teile, mit einer Walnuß ganz unten. Unzusammenhängendes stützt sich gegenseitig und hebt einander empor. Angesichts der prekären Statik kollidieren Lachen und Staunen in einer Schrecksekunde. Der Witz und die Ironie erweisen sich als abgründige Strategien, die immer mit ihrem Gegenteil schwanger gehen. Sie beziehen ihre prägnante Wirkung aus

„Utopia", 1991
Bronze
40 x 45 x 180 cm

ombra. E' piùttosto il manierismo il suo punto di partenza. Ma il rapporto del linguaggio delle forme di Gallo con quello del passato assomiglia al rapporto delle sue ombre con le figure-luce. Così come queste non esistono quale modello reale, non esistono neppure stili passati che proiettano la propria ombra, ma al massimo esiste un'idea del passato che balena all'improvviso nel presente – l'immagine – e si consola serenamente della perdita irrecuperabile dell'antico.

In una delle sculture di Gallo, «Utopia», si accatastano membra animali ed umane, un suonatore di flauto, nudo, e una stella – tutto in metallo fuso – per rappresentare una stele spiritosa e macabra alla cui estremità superiore un cavallo raffigurato nell'atto di saltare si libra sopra l'abisso. Nella sua posizione grottesca che si burla di tutte le regole della forza di gravità e della teoria classica delle proporzioni, forma la cima di una costruzione mozzafiato, le cui parti, arditamente sovrapposte, ricordano gli esercizi di un giocoliere, con una noce alla base. Cose sconesse si sorreggono e si sollevano a vicenda. Di fronte alla statica precaria, riso e stupore si scontrano in un attimo di spavento. Lo spirito e l'ironia si rivelano strategie recondite che covano sempre il loro contrario. Traggono il loro effetto pregnante dal desiderio di superare gli abissi e di ridere in faccia all'orrore con un salto nel vuoto. La possibilità di mutarsi nel loro contrario è la loro forza. Anche lo spirito dal quale provengono, è metamorfo come le figure nei quadri e nelle

dem Wunsch, sich über Abgründe hinwegzusetzen und im freien Sprung dem Grauen ins Gesicht zu lächeln. Die Möglichkeit, ins Gegenteil umzuspringen ist ihre Stärke. Metamorph wie die Gestalten in den Bildern und Skulpturen ist so auch der Witz, dem sie sich verdanken. Das Umschlagen ins Bösartige und Verletzende gehört zu seinem Wesen. Bildnerisches Äquivalent dafür sind auch die „Umspringbilder" im Oeuvre Gallos: Bilder sich berührender Hände und Gesichter, deren symmetrische Profile zugleich die äußeren Konturen einer eingeschlossenen Form beschreiben, Zwitterwesen also, die den Blick in Schwebe halten.

Auf einem der neuesten Gemälde Gallos ist inmitten des bildfüllenden Rot eine Kopfform aufgemalt, die wie im Flug mit aufgerissenen Augen und stierendem Blick vorbeizuschweben scheint. Im Sog dieses körperlosen Gespensts verdichtet sich die Farbe zu einer Art Kometenschweif, während das Rot kosmische Tiefe suggeriert. Man kann seinen Standort beliebig verändern, dem ins Bild gemalten Blick entgeht man nicht. Wendet man sich um, dann fesselt einen die Erinnerung und man bleibt ein Gefangener in jenem Netz, das der Künstler listig ausgelegt hat.

sculture. Il rovesciamento improvviso nel cattivo e nell'offensivo appartiene al suo carattere. Nell'opera di Gallo, un equivalente pittorico sono le «immagini mutanti»: rappresentazioni di mani e facce che si toccano, i cui profili simmetrici descrivono, allo stesso tempo, i contorni esterni di una forma racchiusa, – nature ibride dunque –, che tengono in sospeso lo sguardo.

In una delle più recenti pitture di Gallo, in mezzo al rosso protagonista, è stata dipinta una testa che sembra passare in volo con gli occhi spalancati e lo sguardo fisso. Nella scia di questo spettro incorporeo il colore s'intensifica in una specie di coda di cometa mentre il rosso suggerisce una profonditá cosmica. Lo spettatore può cambiare posizione a piacere, ma non sfuggire a quello sguardo dipinto nell'immagine. Se si gira, viene catturato dai ricordi e rimane prigioniero in quella rete gettata maliziosamente dall'artista.

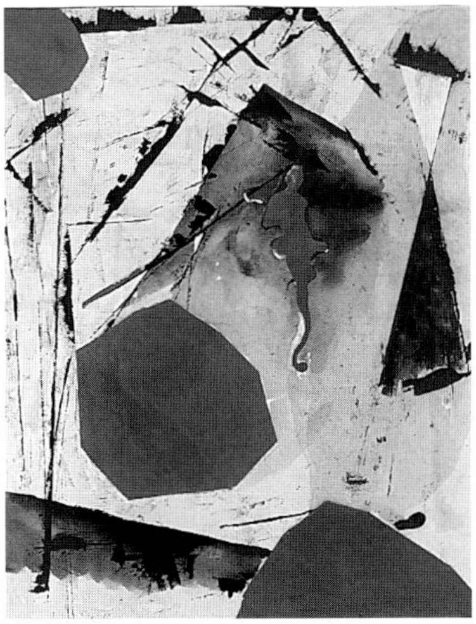

Notte di Luna (Mondnacht) 1991 Öl und Aquarell auf Papier 46,5 x 37,5 cm

NUNZIO

Ritorno (Rückkehr) 1991
Blei auf Holz
201 x 110 x 4 cm

Ove (Wohin) 1991
Blei auf Holz
119 x 126 x 4 cm

Azimut 1991
Blei auf Holz
209 x 526 x 4 cm

Nunzio hat in seinen Skulpturen und Reliefs die Malerei verlassen, um das Phänomen des Malerischen in einem anderen Medium erneut zur Sprache zu bringen. Nicht die auf einen Bildträger applizierte Farbe, die auf ebener Fläche Dreidimensionales vortäuscht ist das Mittel seiner Malerei, sondern die Materialität und Farbigkeit, die den verwendeten Materialien (Holz, Blei) eigen ist, bzw. die Farbklänge und malerischen Nuancen dieser Materialien, wie sie an ihren Oberflächen durch das fast plastisch versinnlichte Licht entstehen.

Blei und Holz sind die von Nunzio bevorzugten Rohstoffe. Die Gestaltung berücksichtigt die Eigenschaften der Materialien und veranschaulicht die ihnen innewohnende Konsistenz und Veränderbarkeit. Zugleich sind sie einer subjektiven und artifiziellen Formeinschreibung unterworfen.

In den neuen Arbeiten („Azimut", „Ove") ist das Holz vom Blei umhüllt, sodaß sich der stumpfe und weiche Glanz des Metalls dem Relief des Holzes anschmiegt. In einer Symbiose der Materialien nehmen diese voneinander an. Während sie einander verrätseln, lenken sie auf ihre je eigene Existenz zurück. Angekohlte Holzstücke werden in die Bleiflächen integriert oder als begrenzende und rahmende Segmente verwendet. Ihr samtiges Schwarz tritt in Kontrast zur Farbe und Beschaffenheit des Bleis, es saugt das Licht auf und legt die Maserung des Holzes offen. In Verbindung mit den bogen- und ovalförmigen Vertiefungen, den horizontalen und vertikalen „Rinnen" auf den bleiernen Flächen, entsteht ein lyrisch-rhythmisches Wechselspiel sparsamer und klarer Geometrien. Maßvolle Bewegtheit kennzeichnet die Reliefs. Ein abgezirkeltes Szenario sich tangierender und miteinander korrespondierender Material-, Farb-, und Formbeziehungen verharrt in einem Zustand gespannter Balance. Den Bogen- und Ellipsenformen kommt auch die Funktion des Verklammerns der einzelnen, vertikalen Reliefteile zu. Immer aber bleibt im Überspielen der Grenzen auch die Gespaltenheit des Ganzen erkennbar. Exakt werden

Con le sue sculture ed i suoi rilievi Nunzio ha lasciato la pittuura per rinnovare il fenomeno pittorico in un altro medium. Lo strumento della sua pittura non è il colore che, applicato su un supporto, simula tridimensionalità su una superficie piana. Suoi strumenti sono invece la materialità e la cromaticità proprie dei materiali usati (piombo, legno), o meglio, le armonie e le sfumature pittoriche che la luce provoca colpendo le superfici di questi materiali.

Legno e piombo sono le materie prime predilette da Nunzio. La sua creazione rispetta le caratteristiche di quei materiali, ne visualizza consistenza e modificabilità. Inoltre li sottopone a un'iscrizione soggettiva ed artificiale di forme.

Nelle opere recenti («Azimut»,«Ove»), il legno è coperto dal piombo in modo che la lucentezza opaca e morbida del metallo aderisca al rilievo del legno. In una simbiosi di materiali, questi si completano a vicenda. Mentre si enigmatizzano tra di loro, riconducono alla propria esistenza. Pezzi di legno combusti vengono integrati nella superficie plumbea od usati come segmenti. Il loro colore nero vellutato contrasta con il colore e la struttura del piombo, ne assorbe la luce e mette a nudo le venature del legno. Insieme agli incavi ovali ed arcuati, alle «scanalature» orizzontali e verticali, sulle superfici plumbee si manifesta un gioco alterno, lirico-ritmico, di geometrie scarne e schiette. I rilievi sono contraddistinti da un movimento misurato. Uno scenario compassato di relazioni di materiali, colori e forme, che si toccano tra di loro, persiste in uno stato d'equilibrio. Le forme ad arco e ad ellisse fungono anche da aggraffatura delle singoli parti verticali del rilievo. Ma nonostante lo sfumare i bordi, la scissione del tutto è sempre percettibile. Le suture vengono accettate e con spigoli accuratamente accentuate. In loro s'infrangono luce e forma – tuttavia solo scivolandovi.

Se da una parte il piombo fà da involucro protettivo per il legno, dall'altra i pezzi combusti testimoniano penetrazione della superficie. Il legno non rivela il suo

die Nahtstellen durch Grate akzentuiert und akzeptiert. An ihnen bricht sich die Form und das Licht, um doch zugleich darüber hinwegzugleiten.

Legt sich einerseits das Blei als schützende Hülle um das Holz, so zeugen andererseits die angekohlten Teile von einem Eindringen unter die Oberfläche. Das Holz gibt sein ursprüngliches Aussehen nicht preis, seine eigene „Haut" bleibt verborgen. Einmal, weil das Blei als künstliche Membran darüberliegt, und zum zweiten, weil es vom Feuer „enthäutet" wurde. Aber gerade im Verborgenen scheint auch seine Existenz als eine veränderte, in Bewegung versetzte und wieder zur Ruhe gekommene, auf.

Die in Nunzios Reliefs gegebene Qualität des Malerischen ist keine bunte, expressive, oder ins Regellose spielende. Bestimmend bleibt die Hinwendung zur Klassik und deren Architektonik, sowie der Hang zur Geometrie und deren archaischen Idealen. Deren Sicht aus unserer Gegenwart, aus der Perspektive Nunzios, prägt das Kunstwollen und damit auch die Wahrnehmung dieser Kunst.

Der im Begriff des „Kunstwollens" bewußt implizierte Rückgriff auf den Wiener Kunsthistoriker Alois Riegl erscheint in bezug auf Nunzios Arbeiten auch generell angebracht. Um die Jahrhundertwende hat Riegl die Kunstentwicklung als einen teleologischen Prozeß definiert, den er – in Abgrenzung zur materialistischen Ästhetik Gottfried Sempers, wie auch zum klassizistischen Entwicklungsmodell normativer Ästhetik – als lineare Progression vom Haptischen zum Optischen, vom Plastisch-Dreidimensionalen zum Malerisch-Flächigen dachte und beschrieb. Riegls Theorie unterlag die

aspetto originale; la sua «pelle» rimane nascosta. Da un lato perchè c'è il piombo come membrana artificiale, e dall' altro perchè il legno è stato «spellato» dal fuoco. Ma l'esistenza del legno, proprio perchè nascosta, appare trasformata, messa in moto e di nuovo riportata alla calma.

La qualità pittorica del rilievo di Nunzio non è cromatica, espressiva, con tendenze alla sregolatezza. Determinanti sono l'orientamento verso il periodo classico e la sua sensibilità architettonica, e l'inclinazione alla geometria e ai suoi ideali arcaici. Tali concetti rapportati al presente, e secondo la prospettiva di Nunzio, formano il «Kunstwollen» (il volere artistico) e con esso anche la percezione di quest'arte.

Il riferimento allo storico dell'arte viennese Alois Riegl ed al concetto di «Kunstwollen» sembra opportuno per l'opera di Nunzio. A cavallo del secolo, Riegl ha definito lo sviluppo dell'arte un processo teleologico, interpretato e descritto come progressione lineare dal tattile all'ottico, dal plastico-tridimensioale al pittorico-bidimensionale – e questo a differenza sia dell'estetica materialistica di Gottfried Semper sia del modello di sviluppo classicistico di quella normativa. Alla base della teoria di Riegl sta l'idea di un'intellettualizzazione crescente della produzione ed osservazione artistica. La sua psicologia dell'arte si basa, tra l'altro, sulla convinzione di un continuo allontanarsi dagli oggetti e della conseguente sostituzione successiva del contatto e della comprensione originari con la conoscenza di relazioni ottiche e la loro concettualità. Da tempo questo ragionamento di

Confessione (Bekenntnis)
1991
Blei und verbranntes Holz, 150 x 70 x 4 cm

Idee einer zunehmenden Intellektualisierung der Kunsterzeugung und -betrachtung. Seine Kunst-Psychologie beruhte u. a. auf der Überzeugung eines fortwährenden Abstandnehmens von den Objekten und damit einer sukzessiven Substitution einer ursprünglichen Berührung und Be-Greifbarkeit durch das Wissen um optische Zusammenhänge und deren Begrifflichkeit. Riegls Gedankengebäude hat sich längst selbst als ein faszinierendes Kunstwerk erwiesen und ist als solches auch weiterhin von Interesse. Die Spezialisierung des Auges, das sich im Akt der Betrachtung einer ursprünglichen Berührung der Objekte und Materialien entsinnt und den räumlichen Abstand zu den Dingen zugleich als eine durch die zeitliche Distanz verlorene Einheit melancholisch erspürt, ist eine der möglichen Folgerungen aus Riegls Denken.

Die Erinnerungsarbeit des Auges bleibt in Gang gesetzt, der Blick bleibt stets gezwungen, die Distanz zum Bild zu überwinden, es als Körper zu erfassen und damit seine eigene Geschichte zurückzuverfolgen.

Nunzios Reliefs gegenüber findet sich der Betrachter in einem Spannungsfeld komplex verkoppelter haptischer und optischer Reize. Dem distanzierten Blick verrätseln sich die eingetieften Formen zu illusionistischen Lichtmalereien, die auf den Flächen zu schweben scheinen und das Raumerkennen irritieren. Die Geometrien erscheinen aus der Ferne wie aufgemalt. Ob sie wulstig auf der Fläche sitzen, oder in sie eingetieft sind, bleibt zunächst unklar. Erst die Annäherung und der tastende Blick verschaffen Klarheit. Mit dem Gesehenen tritt das Sehen – als er-greifender Akt – ins Bewußtsein.

Während man das Bild sieht, macht man sich ein Bild vom Sehen und verleiht ihm Gewicht – das Blei im Auge.

Riegl si è rivelato un'opera d'arte affascinante e come tale è tuttora interessante. La specializzazione dell'occhio, che nel momento del guardare si ricorda del contatto originario con oggetti e materiali e che melanconicamente intuisce la distanza spaziale delle cose come unità persa per colpa della distanza temporale, è una delle conclusioni possibili del pensiero di Riegl.

L'attività anamnetica dell'occhio rimane in moto, lo sguardo è continuamente costretto a superare la distanza che lo separa dall'immagine ed a concepirla come corpo per ricostruire la propria storia.

Di fronte al rilievo di Nunzio, lo spettatore si trova in un campo di tensione di stimoli tattili ed ottici, intensamente congiunti. Davanti ad uno sguardo distaccato, le forme incavate si enigmatizzano in pitture luminose illusionistiche che sembrano galleggiare sulle superfici e ne irritano l'individuazione spaziale. Da lontano, le geometrie sembrano dipinte; non si capisce immediatamente se siano poste sulla superficie come rigonfiamenti od incavi. Solo l'avvicinarsi e lo sguardo tastoni portano chiarezza. Assieme a ció che si è visto, il vedere entra nella coscienza – come atto «toccante» – nel doppio significato: commovente e tattile.

Vedendo l'immagine, ci si fa un'idea, un'immagine, del vedere e gli si dà importanza, peso – il piombo nell'occhio.

Piero Pizzi Cannella

Trittico (Triptychon) 1990
Öl auf Leinwand
270 x 330 cm

Senza titolo (Ohne Titel) 1987/88
Öl auf Leinwand
2-teilig, 270 x 120 cm und 270 x 240 cm

La grande sala (Der große Saal) 1990
Öl auf Leinwand
250 x 640 cm

Piero Pizzi Cannella malt in seinen Bildern immerwiederkehrende Motive wie Gitterformen, Amphoren und Kleider, die als eine Art verschlüsselter Signaturen einzelne Werkreihen und Bildgruppen voneinander unterscheiden lassen. Den Bildern unterliegt meist ein klares Ordnungsgefüge in der Aufteilung der Farbflächen, Schichtungen und Gegenstandszeichen, was zu einer systematisch und analytisch differenzierenden Erfassung dieser Kunst verleitet. Das Wiedererkennen und Vergleichen der abgebildeten Gegenstände und ihrer malerischen Symbiosen mündet nach genauerer Betrachtung aber in die Erkenntnis eines zusammenhängenden „Textes", eines malerischen Monologs, der um den Begriff der Geschichte kreist.

Die Vorstellung von Geschichte umfaßt bei Pizzi Cannella zunächst die Synthese von „persönlichen Erinnerungen und einer Idee von Erinnerung im ontologischen Sinn" (P.C.). Die Gemälde sind gleichsam die Brennpunkte, in denen individuelle und kollektive Geschichte verschmelzen. Auf ihnen erscheint die Zeit eingebremst und in verzögertem Takt ins Bewußtsein gehoben. Das Moment des Verzögerns zeichnet sich in der seriellen Anordnung der Motive, etwa in der Aufreihung und Redundanz der zeichenhaften Amphoren ab. Der serielle und signethafte Charakter dieser Motive verleiht ihnen, neben ihrem malerischen Dasein als Farberscheinungen, auch eine skripturale Existenz als in die Bilder eingeschriebene, geheimnisvolle Zeichen. Oft nur schemen- und schablonenhaft ausgeführt oder angedeutet, behauptet sich ihre fragile Linearität oder Flächigkeit gegen die dominierenden und pastos gemalten Bildgründe.

Die Geschichte und ihre Umsetzung in der Malerei als Ge-Schichte der Farben scheint bei Pizzi Cannella in der Form des Gefäßes – der Amphore, des Kleides, als eines Ortes der Aufbewahrung und des Schutzes, aber auch des Verbergens und der Absperrung – ein metaphorisches Zentrum zu besitzen.

Nei suoi quadri, Piero Pizzi Cannella propone dei motivi ricorrenti come reticoli, anfore e vestiti, con i quali, quasi una sigla cifrata, si possono distinguere opere singole e gruppi di opere. Di solito i quadri hanno un ordine chiaro per quanto riguarda la disposizione delle superfici colorate, degli strati e dei segni descrittivi – il chè spinge ad una comprensione analitica e sistematica di quest'arte. Dopo un'osservazione più attenta però, il riconoscimento e il confronto degli oggetti rappresentati e delle loro simbiosi pittoriche, sboccano nell'affermarsi di un «testo» continuo, di un soliloquio pittorico che gira attorno al concetto della storia.

Il qual concetto di storia per Pizzi Cannella è in primo luogo la sintesi di «ricordi personali e di un'idea di ricordi nel senso ontologico» (P. C.). I dipinti sono, per così dire, i punti focali o le tracce pittoriche nei quali storia individuale e collettiva si amalgamano. In essi il tempo sembra frenato, sollevato nella coscienza a ritmo ritardato. Il momento ritardante si manifesta nella disposizione seriale dei motivi, come ad esempio nella disposizione in fila e nella ridondanza delle anfore in qualità di segni: il carattere seriale ed a sigla di questi motivi dà loro, oltre a un'esistenza pittorica come fenomeni cromatici, anche un'esistenza scritturale come segni enigmatici, trascritti nelle immagini. Spesso eseguite o accennate solo fuggevolmente e schematicamente, la loro linearità fragile o la loro bidimensionalità si difendono contro sfondi dominanti, eseguiti in modo pastoso.

Nelle opere di Pizzi Cannella, la storia e la sua trasposizione nella pittura come stratificazione di colori, come storia di colori, sembrano avere un centro metaforico, cioè la forma di recipiente – l'anfora, il vestito, come luogo per conservare e per proteggere, ma anche per nascondere e sbarrare.

Ne «La grande sala» il passato di Roma e dei suoi reperti antichi echeggia tanto nelle anfore quanto nella materialità incrostata degli strati secchi di colore. Inoltre la spaziosità e la solennità di un luogo distinto

In „La grande sala" klingt die Vergangenheit Roms und ihrer antiken Relikte in den Amphoren ebenso nach, wie in der krustigen Materialität der getrockneten Farbschichten. Die Weiträumigkeit und Feierlichkeit eines herausgehobenen und ausgezeichneten Ortes werden zudem im Titel beschworen. Der rechte Rand der Leinwand ist unbemalt belassen, wie um den Auftritt der Malerei auf einer leeren Bühne zu veranschaulichen oder wie um ihr Entstehen, ihre eigene Geschichte, zu kommentieren. Die Ränder in Pizzi Cannellas Malerei verdienen besondere Aufmerksamkeit. Es sind Zonen des Übergangs ins Gestaltlose, wo das Unbemalte malerische Kraft gewinnt. Anfang und Ende fallen hier zusammen. Ein Ort immerwährender Gegenwart, eine Grenze, die sich als Zeitkippe entpuppt, an welcher der Prozeß des Überschichtens und Verbergens auch zugleich als einer des Freilegens und Entbergens ausgewiesen wird. Das Bildgeviert erscheint mit Farbe gerade soweit aufgefüllt, daß es selbst als Gefäß der Malerei erkennbar wird.

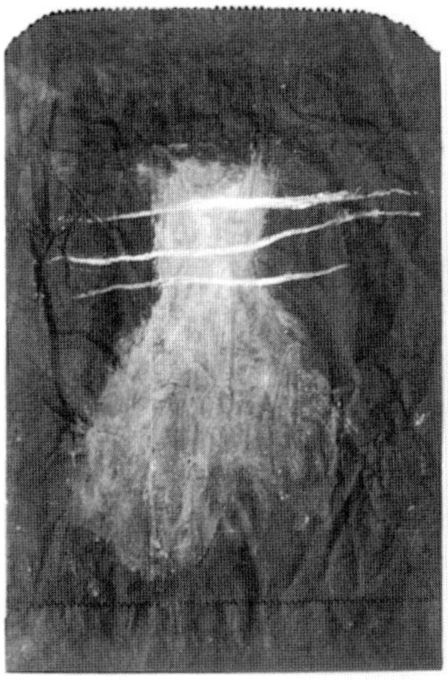

Für Emily 1985
Mischtechnik
auf Papier

Die schwarzen und erdfarbenen Flächen werden als dunkle, aber raumhältige Bereiche erfahrbar. An die Vorstellung einer vergangenen und verdunkelten Zeit knüpft sich der Gedanke an das Nächtliche und Verdämmernde, das die Details und Individualität der Dinge auslöscht und sie in einer reduzierten und von allen Zufälligkeiten gereinigten Form erscheinen läßt. So verweist das Verbergen und Verhüllen zugleich auf Klärung und Festigung, auf Vereinfachung und Versicherung. Das Gesehene und das Gewußte verbinden sich zu reinen, klaren Formen, so wie die Ahnung des Todes und seiner vernichtenden Kraft die Erfassung des Lebens klärt und schärft. Die Amphoren erinnern mit ihren bauchigen Formen und ihrer Funktion der Aufbewahrung und des Schutzes auch an Organisches und lebendig Pulsierendes. Als Behälter von Geschichte sind sie an die

ed elevato vengono rievocate nel titolo. La parte destra della tela non è stata dipinta come per illustrare la comparsa della pittura su un palcoscenico vuoto, come per commentare la sua formazione, la sua storia. Nella pittura di Pizzi Cannella, le parti laterali meritano attenzione particolare: sono zone di transito verso l'amorfo dove il non-dipinto guadagna forza pittorica. Inizio e fine coincidono. Luogo di un presente eterno, di un confine che si rivela quale ribalta del tempo, dove il processo dello stratificare ed occultare è allo stesso tempo processo dello scoprire e svelare. Il quadro sembra riempito di colore giusto quanto basti per essere riconosciuto recipiente di pittura.

Le superfici nere e terree sono percettibili come zone scure ma piene di spazio. L'idea di un tempo passato ed oscurato si collega al pensiero del notturno e del crepuscolare che cancella i dettagli e l'individualità delle cose e le fà apparire in una forma ridotta, depurata di ogni casualità. Così il celare e l'occultare indicano allo stesso tempo chiarimento e consolidamento, semplificazione ed asserzione. Quanto è stato visto e saputo, viene unito in forme pure ed schiette, così come il presentimento di morte, e della sua forza distruttiva, chiarisce ed acuisce la comprensione della vita. Per la loro forma panciuta e la funzione di custodia e di protezione, le anfore ricordano qualcosa di organico e di pulsante. Come recipienti della storia sono legati al presente vivo, e quindi all'attualità della storia nella cultura odierna. Il processo del dipingere come storia personale di Pizzi Canella ne è solo un aspetto.

All'anfora si può affiancare il vestito come motivo di involucro metaforico per le ossessioni dell'artista, per il suo soliloquio pittorico su intimità e storia, su sensualità e pubblico.

La forma nera nel «Trittico» si rivela un vestito. Nei suoi contorni si possono intuire le forme del corpo femminile. Questo colore nero contiene il corpo anche se non lo mostra; in mezzo a una forma di rappresentazione originariamente sacrale, lo esalta nella sua assenza. Anche qui lo svelare si compie in

lebendige Gegenwart gebunden und mithin an die Gegenwärtigkeit dieser Geschichte in der heutigen Kultur. Der Prozeß des Malens als persönliche Geschichte Pizzi Cannellas ist darin ein Aspekt.

Der Amphore läßt sich das Kleid als jenes Bildmotiv zur Seite stellen, das den Obsessionen des Künstlers, seinem malerischen Monolog über Intimität und Geschichte, Sinnlichkeit und Öffentlichkeit als metaphorische Hülle dient.

Als Kleid entpuppt sich die schwarze Farbform im „Triptychon". In seinen Umrissen werden die Formen des weiblichen Körpers erahnbar. Dieses Schwarz beinhaltet den Körper, auch wenn es ihn nicht zeigt, und es überhöht ihn in seiner Abwesenheit inmitten einer ursprünglich sakralen Bildform. Das Entbergen vollzieht sich auch hier in einem Akt der behutsamen Rücknahme und Reduktion. Die Farbform ist jenes Gefäß, in das die Gedanken schlüpfen, mit dem sie sich kleiden, um es ihren Wünschen und Begierden dienstbar zu machen. Es liegt am Betrachter, diese Form als ein mögliches Abbild zu verstehen, sie auf Gegenständliches – d. h. Abwesendes – zu beziehen und sie so mit konkreter Bedeutung aufzufüllen. Der Maler legt dafür die Fährte, läßt aber zugleich auch den Rückweg offen. Dann kippt das Gegenständliche in reine Malerei zurück und das Kleid entblößt sich als nackte Farbe. Die Fäden der Geschichte – des Malens, des Betrachtens – laufen vor und zurück, kreuz und quer, und ergeben ein dichtes Gespinst von Zeit, worin jedes Bild und seine Motive vom nächsten Bild erinnert werden.

un atto di cauto ritiro e di riduzione. La forma nera è il recipiente nel quale scivolano i pensieri, con il quale si vestono, onde assoggettarlo ai loro desideri e alle loro brame. Sta allo spettatore interpretare questa forma come raffigurazione potenziale, metterla in relazione con qualcosa di concreto – cioè assente – e così riempirla di un significato definito. I pittore prepara la pista, ma al tempo stesso lascia aperte altre vie. Allora il concreto diventa pittura pura, e il vestito si rivela colore nudo. I fili della storia – del dipingere, dell'osservare – si muovono in avanti e all'indietro, in lungo e in largo e tessono una trama fitta di tempo, nella quale ogni immagine ed ogni suo motivo vengono ricordati dall'immagine seguente.

**Cinese (chinesisch)
1990, Öl auf Leinwand
und Holz
192 x 270 cm**

MARCO TIRELLI

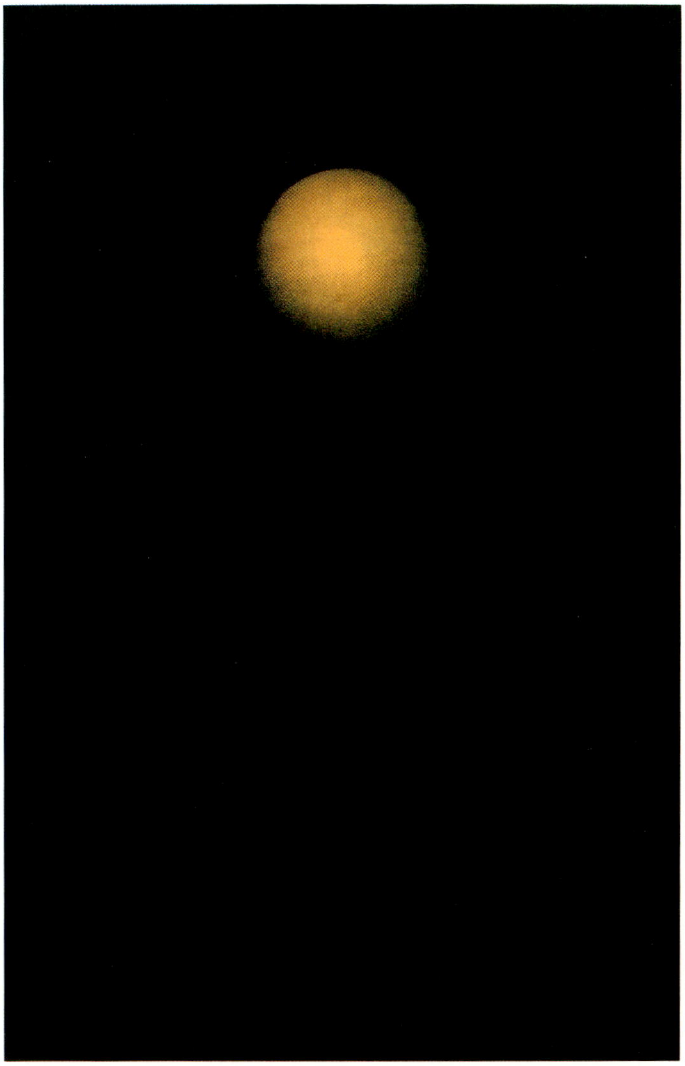

Senza titolo (Ohne Titel) 1990
Mischtechnik auf Papier/Leinwand
146 x 48 cm

Senza titolo (Ohne Titel) 1991
Mischtechnik auf Papier/Leinwand

Senza titolo (Ohne Titel) 1990
Mischtechnik auf Papier/Leinwand
9teilig, je 50 x 70 cm

Die Malerei von Marco Tirelli verbindet verschiedene inhaltliche Kontexte und unterschiedliche Interpretationsebenen, die voneinander untrennbar sind und trotzdem autonom funktionieren. Diese Komplexität der Konnotationen erscheint in seinen Bildern mit einer überzeugenden Evidenz und selbstverständlichen Einfachheit der Formsprache gestaltet und in der Klarheit der Bildstruktur aufgehoben.

Einerseits thematisiert er eine formimmanente Fragestellung, die er im Rahmen der geometrischen Abstraktion konkretisiert, andererseits visualisiert er die permanente Suche nach neuen Kontextbestimmungen, die sich auf die existenziellen Fragen der künstlerischen Tätigkeit beziehen. Aber selbst die formimmanente Fragestellung involviert einen historischen Aspekt, nämlich die individuelle Beziehung zur geometrischen Abstraktion als kunstgeschichtlichem Phänomen, als ästhetischem Wertsystem. Die Auseinandersetzung mit dieser kulturgeschichtlichen Problematik führt in Richtung der existentiellen bzw. „funktionellen" Fragen der Kunst, und weiterhin zur Frage der Beziehung zwischen Mythos und Kunst.

Ohne Titel 1991
Mischtechnik

Marco Tirelli führt in seiner Kunst verschiedene Dialoge zwischen Form und Inhalt, zwischen entmaterialisierter Gegenstandslosigkeit und illusionistisch-emotioneller Sinnlichkeit, zwischen Zeitlosigkeit und historischer Kontextbezogenheit. Einerseits versucht er die „Selbstpurifikation" der geometrischen Abstraktion – also die große Tradition von der Romantik bis zur Minimal Art – ad absurdum zu führen, um die klar definierte, entmaterialisierte, geistige Form von allen literarischen, subjektiv-emotionellen, allegorischen und zeitgebundenen Bedeutungen endgültig und irreversibel zu

La pittura di Marco Tirelli collega diversi contesti contenutistici e differenti livelli d'interpretazione, inseparabili eppure autonomi. Questa complessità di connotazioni compare nei suoi quadri con un'evidenza convincente e con una naturale semplicità del linguaggio delle forme e con la nitidezza della struttura dell'immagine.

Da un lato tematizza la problematica immanente alla forma che egli rende concreta all'interno dell'astrazione geometrica; dall'altro visualizza la ricerca permanente di nuove definizioni contestuali che si riferiscono alle domande esistenziali dell' attività artistica. Ma la problematica immanente alla forma implica anche un aspetto storico e cioè il rapporto individuale con l'astrazione geometrica come fenomeno storico-artistico, come sistema di valori estetici. L'occuparsi di questa problematica storico-culturale porta ai quesiti esistenziali, o meglio, «funzionali», dell'arte ed infine al problema del rapporto tra arte e mito.

Nella sua arte Marco Tirelli porta avanti dialoghi tra forma e contenuto, tra astrazione smaterializzata e sensualità illusionistico-emozionale, tra atemporalità e contesto storico. Da una parte cerca di dimostrare l'assurdità dell' «autopurificazione» dell' astrazione geometrica – cioè della grande tradizione dal Romanticismo fino alla Minimal Art – per liberare irreversibilmente e definitivamente la forma chiaramente definita, smaterializzata, spirituale, da tutti i significati letterari, soggettivo-emozionali, allegorici e legati al proprio tempo; dall'altra le forme svuotate vengono riempite di associazioni che trasformano l'astratta figura geometrica in oggetto materiale e tangibile. La forma «vuota» si può interpretare come risultato del processo di smaterializzazione ma anche come punto di partenza dell'accumulazione di significati. Il vuoto e il pieno vengono visualizzati come entità dialettiche.

Così il non-oggettivo mondo delle immagini sembra essere spazio sensual-materiale nel quale diversi corpi ed oggetti riempiono lo spazio virtuale – mimetico-concreto. La superficie serica e sensuale ha

befreien, andererseits füllt er die entleerten Formen mit Assoziationen, die die gegenstandslose, geometrische Gestalt zum faßbaren, materiellen Objekt umwandeln. Die „leere“ Form läßt sich als Resultat des Entmaterialisierungsprozesses, aber auch als Ansatzpunkt der Bedeutungsakkumulation interpretieren. Das Leere und das Volle werden als eine dialektische Einheit visualisiert.

So erscheint die gegenstandslose Bildwelt als sinnlich-materieller Raum, in dem verschiedene Körper und verschiedene Objekte den virtuellen – mimetisch-konkreten – Raum erfüllen. Die seidenfeine, sinnliche Bildoberfläche besitzt auch eine Doppelfunktion: einerseits suggeriert sie eine autonome, mit nichts vergleichbare, immaterielle Entität, die die prinzipielle Eigenständigkeit und das Anderssein der ästhetischen Gestalt repräsentiert; andererseits versucht sie die zeitlosen, abstrakten, immateriellen Formen zu re-konkretisieren und als Gegenstände darzustellen. Die sinnliche Bildoberfläche suggeriert Materialität und Körperhaftigkeit; der unbegrenzte, unfaßbare, geistige Raum wandelt sich in konkreten, physischen, mit Emotionen und subjektiven Erfahrungen besetzten Raum unseres eigenes Lebens um.

Gerade diese Metamorphose interessiert Marco Tirelli, denn während dieser Umwandlung erlangen die rein abstrakten Formen ihre neuen, subjektiv-historischen, metaphorischen Bedeutungen. Abstrakte Gestalten verwandelt er in dreidimensionale, faßbare, konkrete Gegenstände, die auf verschiedene Bildformen unserer kunstgeschichtlichen Erinnerung hinweisen. Diese sind die bildlichen Verkörperungen unseres kunstgeschichtlichen Gedächtnisses. Das suprematistische Bild wird als Erinnerungsbild dargestellt, wobei Tirelli die sakrale, mythische Funktion des Bildes – als Ikon – in den Vordergrund stellt. Dadurch thematisiert er einerseits die suprematistische Kunstauffassung, also die Sakralität der Gegenstandslosigkeit als absolute Harmonie; andererseits präsentiert er diese Sakralität als

una doppia funzione: da un lato suggerisce un'entità autonoma, ineguagliabile ed immateriale che rappresenta l'autonomia di principio e la diversità della figura estetica; dall'altro cerca di riconcretizzare le forme atemporali, astratte ed immateriali e di rappresentarle come oggetti. La superficie sensuale suggerisce materialità e corporeità; lo spazio illimitato, intangibile, spirituale si trasforma in uno spazio concreto, fisico, riempito di emozioni ed esperienze soggettive della nostra vita.

Ohne Titel, 1990
Mischtechnik
250 x 150 cm

E'proprio questa metamorfosi che interessa Marco Tirelli perchè durante questa trasformazone le forme puramente astratte acquistano i loro nuovi significati, soggettivo-storici e metaforici. Egli trasforma figure astratte in oggetti tridimensionali, tangibili e concreti che mettono in rilievo le diverse forme dei nostri ricordi storico-artistici e che sono la rappresentazione figurata della nostra memoria storico-artistica. L'immagine suprematistica viene rappresentata come immagine anamnetica; Tirelli mette in primo piano la funzione sacrale, mitica, dell'immagine come Ikon. Con ció da un lato tematizza la concezione artistica suprematistica, cioè la sacralità del non-oggettivo come armonia assoluta; dall'altro presenta questa sacralità come risultato della scelta estetica indivi-

Ergebnis der individuellen ästhetischen Wahl, also die Sakralität der ästhetischen Selbstbestimmung des Künstlers als eine subjektive Interpretation des manieristischen Erbes. Mehrere Bedeutungsebenen schichten sich übereinander: Die Anknüpfung an die neuplatonische Entmaterialisierungs- und Reduktionsidee wird durch die Macht der individuellen, sinnlich-emotionellen, ich-bezogenen und historischen Selbstbestimmung relativiert. Diese unbegrenzte Fähigkeit des Bildes, unterschiedliche Wertsysteme zu relativieren und zu verabsolutieren, verstärkt wiederum die Autonomie: das Bild fungiert als eine komplexe Wertstruktur, wobei die inneren Relationen zwischen den Bedeutungsebenen sich metaphorisch auf die Kulturgeschichte beziehen.

duale, cioè la sacralità dell'autonomia estetica dell'artista come un'interpretazione soggettiva dell'eredità manierista. Più livelli di significato si sovrappongono; la ripresa dell'idea neoplatonica della smaterializzazione e riduzione viene relativizzata dalla forza dell'autonomia individuale, sensual-emozionale, egocentrica e storica. Questa illimitata capacità dell'immagine di relativizzare e di rendere assoluti differenti sistemi di valori, ne rafforza nuovamente l'autonomia: l'immagine funge da struttura complessa di valori dove le relazioni interne tra i livelli di significato si riferiscono metaforicamente alla storia culturale.

Biografien · Biografie

DOMENICO BIANCHI

Geboren in Sgurgola 1955 – lebt und arbeitet in Rom · nato a Sgurgola nel 1955 – vive e lavora a Roma.

MOSTRE PERSONALI: 1977 Ugo Ferranti, Fine Arts Building, maggio, New York **1978** Gall. Françoise Lambert, ottobre, Milano · Gall. Ugo Ferranti, febbraio, Roma **1979** Arte Fiera, giugno Bologna **1980** Gall. il Segno, ottobre, Roma · Gall. Ugo Ferranti, febbraio, Roma · Gall. Swart, maggio, Amsterdam **1981** Gall. Yvon Lambert, gennaio, Parigi **1982** Gall. Swart, giugno, Amsterdam · Gall. Ugo Ferranti, febbraio, Roma **1983** Gall. Salvatore Ala, febbraio, Milano **1984** Gall. Salvatore Ala, gennaio, New York · Gall. Salvatore Ala, novembre, Milano **1985** Gall. Ugo Ferranti, febbraio, Roma Gall. Gian Enzo Sperone, novembre, Roma **1986** Gall. Sperone-Westwater, febbraio, New York **1987** Gall. Sperone-Westwater, gennaio, New York · Gall. Gian Enzo Sperone, maggio, Roma **1988** Gall. Christian Stein, marzo, Milano · Gall. L. A. Louver, luglio, Venice L. A. **1989** Gall. Christian Stein, marzo, Torino · Gall. Sperone-Westwater, aprile, New York **1990** Gall. Lars Bohman, gennaio, Stockholm · Gall. Christian Stein, giugno, Milano · Gall. L. A. Louver, ottobre, Venice, L. A. **1991** Gall. Sperone-Westwater, aprile, New York · Spark Gallery, settembre, Tokyo

MOSTRE COLLETTIVE: 1978 In/Visibile, Artra Studio, Milano **1979** Parigi o cara ..., Avon Lambert, Parigi · Europa 79, Stoccarda **1980** Perche ..., Galleria Ugo Ferranti, Roma · Acquarello, Galleria Il Segno, Roma · Biennale des Jeunes, Parigi Galerie Swart, Amsterdam · Groninger Museum, Groningen · Artemisia, Galleria Ugo Ferranti, Roma · Italiana: Nuova Immagine, Logetta Lombardesca, Ravenna **1981** Bianchi, Ceccobelli, Dessi, Gallo, Groninger Museum, Groningen und Haus am Waldsee, Berlino · Razionale decorativo, Apgam, Torino **1982** Stichtung Beeldende Kunst, Helmond · Kunst nu, Groninger Museum, Groningen · Sans Titre, Musee de la Ville de Toulon, Toulon **1983** Salvatore Ala Gallery, New York **1984** Tracey Garet Gallery, New York · Marianne Deson Gallery, Chicago · Aperto 84, 41 Biennale di Venezia, Venezia · Ateliers, Roma · Bianchi, Ceccobelli, Dessi, Gallo, Espace Claudine Breguet, Parigi · De Umbris Ideaum, Sperone-Westwater, Gallery, New York **1985** Galerie Exit, Krista Mikkola, Helsinki · Galerie Bo Franzen, Stockholm · Sperone-Westwater, Gallery, New York · Nuove Trame dell'Arte, Castello Colonna di Genazzano, Genazzano · Anniottanta, Chiostro di S. Domenico, Imola · L'Italie aujourd'hui, Centre National d'Art Contemporain, Nice · Festa Dell'Arte, Castello di Volpaia, Volpaia **1986** Arte e Alchimia, 42 Biennale di Venezia, Venezia · Italiana 1950–1986, Valencia · Bianchi, Ceccobelli, Dessi, Gallo, Riverside Studios, London · Bianchi, Ceccobelli, Dessi, Gallo, Deweer Art Gallery, Otegem · Sogno Italiano, Castello Colonna di Genazzano, Genazzano · The Spiritual in Art: Abstract Painting 1890–1985, County Museum – Los Angeles · Tayler Gallery, Temple University, Philadelphia · Galleria Carini, Firenze. **1987** Bianchi, Dessi, Gallo, Galleria Gian Enzo Sperone, Roma · Bianchi, Dessi, Gallo, L. A. Louver Gallery, Venice CA · Orizont und Lanscape, Galerie Bayeler, Basel · L'Art contre le Sida, Galerie Yvon Lambert, Parigi **1988** Le Scuole Romane: Sviluppi e Continuità, Palazzo Forti, Verona · Europa Oggi: Arte Contemporanea nell'Europa Occidentale, Museo d'Arte Contemporanea, Luigi Pecci, Prato · The Image of Abstraction, The Museum of Contemporary Art, Los Angeles · Bianchi, Dessi, Gallo, Galleria Gian Enzo Sperone, Roma · Cinquiemes Ateliers Internationaux des Pays de la Loire, Abbaye royale de Fontevraud, Fontevraud **1989** Domenico Bianchi, Robert Ryman, Richard Tuttle, Sperone-Westwater Gallery, New York · Domenico Bianchi, Alan Charlton, Günther Förg, Barbara Kruger, Toon Verhoef, Museo d'Arte Contemporanea Castello di Rivoli, Rivoli · Domenico Bianchi, Günther Förg, Remo Salvatori, Thomas Schütte, Galleria Christian Stein, Milano **1990** Carte Scoperte, Galleria Christian Stein, Torino · Territory of Desire, L. A. Louver Gallery, New York · Maailmat, The Worlds International Exhibition of Fine Arts, – Joensuu Art Museum, Finland **1991** Intersezioni: Arte Italiana negli anni 70–80, Galleria Mücsarnok, Budapest · Ottanta-Novanta, Monastero dei Benedettini, Monreale · Roma Interna – Museum moderner Kunst Stiftung Ludwig, Vienna **ARTICOLI SELEZIONATI:** Mussa Italo, «Domenico Bianchi, continuo, inafferrabile, speculare,» in-«Segno,» No. 7, **1978** · Pohlen Annelie, «Zum Italienischen Beitrag für Europa 79,» in «Kunst-Forum International,» No. 36 dicembre **1979** · Van Adrichem Jan e Van den Bosch K., «Alle nieuwe Kunst moet de vroegere-perfectioneren,» in «Museum Journaal,» No. 5, pp. 210–211 · Groot Paul, «Four italians at Groninger Museum,», in «Artforum,» – ottobre, **1981** · Trini Tommaso, in «Flash Art,» No. 121, marzo **1985,** pp. 30–31 · Castello Michelangelo, «L'ordine degli Angeli,», in «Tema Celeste,» No. 7, novembre 1985, pp. 32–38 · Drake Peter, in «Flash Art,» No. 127, marzo–aprile **1986,** p. 68 · Kuspit Donald, in «Artscribe,» No. 58, giugno–luglio 1986, pp. 74–75 ·

Rubestein Raphael Mayer e Wiener Daniel, «Paintings both indispensable and mundane,» in «Arts Magazine,» vol. 61, No. 8, aprile **1987** · McKenna Christine, in «Los Angeles Time,» 3 luglio, 1987 · Schwabsky Barry, in «Flash Art International,» No. 140 p. 116, maggio–giugno, **1988** · Paparoni Demetrio, «The Alphabet of the Emotions-Domenico Bianchi,» in «Tema Celeste International,» No. 21, pp. 33–35, luglio–settembre **1989** · Rubestein Meyer Raphael, «Domenico Bianchi,» in «ArtNews,» settembre 1989, p. 173 · Tallman Susan, «Prima Materia,» in «Arts Magazine,» ottobre 1989 pp. 17–18 · Colapietro Marco, «Il quadro come ragione strutturale: Domenico Bianchi,» in «Tema Celeste,» No. 26, pp. 36–39, luglio–ottobre **1990** · Capuccio Elio, Magi Paola, Mercuri Bernardo, «L'Ordine del tempo e lo spazio di Bianchi,» in «Tema Celeste,» No. 26, pp. 39–43 luglio–ottobre 1990 **CATALOGHI:** In/Visibile, Artra Studio, Milano, testo di Italo Mussa, Milano **1978** · II. Biennale de Paris, testo di Bruno Mantura, Paris **1980** · Artemisia, Gall. Ugo Ferranti, Roma, testo di Achille Bonito Oliva, Roma 1980 · Italiana: Nuova Immagine, testo di Achille Bonito Oliva, Ravenna 1980 · Bianchi, Ceccobelli, Dessi, Gallo, Groninger Museum, Groningen und Haus am Waldsee, Berlino, testo di Frans Haks, Groningen **1981** · Razionale Decorativo, Apgam, Torino testo di R. G. Lambarelli, Torino, 1981 · Kunst nu, Groninger Museum, Groningen **1982** · Domenico Bianchi, Salvatore Ala Gallery, New York e Galleria Salvatore Ala Milano, testo di Domenico Bianchi, Milano **1984** · Ateliers, testo di Achille Bonito Oliva, Roma 1984 · Bianchi, Ceccobelli, Dessi, Gallo, Espace Claudine Breguet, Parigi, testi di Achille Bonito Oliva und Bernard Lamarche-Vadel, Paris 1984 · De Umbris Idearum, Sperone-Westwater Gallery, New York, testo di Domenico Bianchi, New York 1984 · Domenico Bianchi, Sperone-Westwater Gallery, New York, testo di Domenico Bianchi e Michelangelo Castello, New York **1986** · Bianchi, Ceccobelli, Dessi, Gallo, Riverside Studios, Londra, testi di Lynne Cocke, London 1986 · Bianchi, Ceccobelli, Dessi, Gallo, Deweer Art Gallery, Otegem, testo di Jo Coucke, Otegem **1987** · Le Scuole Romane: Sviluppi e Continuita', testo di R. G. Lambarelli, De Luca, Roma **1988** · Europa Oggi, Museo d'arte contemporanea Luigi Pecci, Prato, testo di Giorgio Maragliano, Electa-Centro Di, Firenze-Milano 1988 · The Image of Abstraction, Museum of Contemporary Art, Los Angeles, testo di Kerry Brougher, Los Angeles 1988 · Cinquiemes Ateliers Internationaux des Pays de la Loire, Fonds Regional d'Art Contemporain, testo di Mario Toran, 1988 · Domenico Bianchi, Alan Charlton, Günther Förg, Barbara Kruger, Toon Verhoef, prefazione alla mostra di Rudi Fuchs, Johannes Gachnang, Christina Mundici, testo per Domenico Bianchi di Donald Kuspit, edizione Museo d'Arte Contemporanea Castello di Rivoli, Rivoli **1989** · Secchi Ustori, testo di Michelangelo Castello e Demetrio Paparoni, ed. Tema Celeste, Siracusa 1989 · Worlds-Maailmat 90, Joensuu Art Museum, testo di Timo Keinanen, Joensuu **1990** · Intersezioni: Arte Italiana Negli Anni 70–80, Mücsarnok, Budapest · Testo di Pier Giovanni Castagnoli, ed Grafis **1991**

LUCILLA CATANIA

Geboren in Rom 1955 – lebt und arbeitet in Rom · nato a Roma nel 1955 – vive e lavora a Roma.

MOSTRE PERSONALI: 1981 Galleria Ferro di Cavallo, Roma **1988** Galleria Artra, Milano **1989** Galleria Oddi Baglioni, Roma **1990** Galleria Studio La Città 1, Verona **1991** Galleria Centro Sant'Andrea, Savona **1991** Galerie Klavniho Mesta Prahy, Praga

MOSTRE COLLETTIVE: 1981 Imperatif/Singularités, Institut Culturel Italie, Parigi **1983** Risonanza/Resonnance, Sala Barbo, Palazzo Venezia, Roma Singular/Plural, Die Fabrik, Monaco **1984** Un disegno per l'arte, Pittura Galleria La Salita, Roma · La Jeune Sculpture Européenne, Albi (Francia) · L'Idea Italiana della pittura, comunicazioni di artisti · Istituto di Storia dell'Arte, Università di Roma **1985** Nuove trame dell'arte, a cura di A. Bonito Oliva, Palazzo Colonna, Genazzano · Asdrubali/Catania, Galleria RLra, Milano · Le rane di Galvani, Studio E, Roma **1986** Figure dello sfondo 2/Magma 10 anni dopo, a cura di R. Loda, Palazzo dei Diamanti, Ferrara · Casus Belli, a cura di G. Goldeymer, Galerie Geroges Lavrov, Parigi · Inventario per una raccolta delle meraviglie, Coll. C. Dani, Montespertoli (FI) nei Materiali, a cura di M. L. Frisa, Salone Brunelleschi, Firenze · L'immagine e la cosa, Rassegna Nazionale di scultura in ceramica, Caltagirone **1987** Villa Massimo Arte, Accademia Tedesca di Villa Massimo, Roma · Spazi (Project Against Apartheid), Il Politecnico, Roma · Seven sculptors from Rome, a cura di F. Menna, Sculpture Center, New York · 7th International

Small Sculpture Exhibition of Budapest, a cura di B. Mantura, Galleria Nazionale d'Arte Moderna, Roma • Donna interpreta donna, a cura di I. Mussa, Centro di Cultura Ausoni, Roma • Ubi minor ibi maior, a cura di D. Bedln, C. Pandolfo archeglani, G. Villa • Associazione Culturale Arci di Rab, Roma **1988** Modi della scultura, a cura di F. Menna, L. Mango, Galleria dei Banchi Nuovi, Roma • Geometrie Dionisiache, a cura di L. Vergine, Rotonda della Besana, Milano • Il disegno Italiano, nuove acquisizioni, a cura di F. Gualdoni • Galleria Civica, Modena, Linee parallele, a cura di G. Bonomi, Galleria Il Sole, Perugia • Anteprima, Galleria Artra, Milano • Premio Saatchi & Saatchi, Palazzo delle Stelline, Milano • Scultori e Gallerie a Roma – I Ricognizione, Sala 1, Roma • Per un Museo, a cura di C. Casorati, Narni **1989** Indiscipline, a cura di B. Tosi, Palazzo dei Capitani, Ascoli Piceno • 7° Biennale di Scultura, Skironio Museum, Atene (Grecia) • Di terra in terra, a cura di L. Mango, Carcere Borbonico, Caltagirone • Orientamenti dell'arte italiana dal 1947 ad oggi, a curra di S. Lux, Mosca, Leningrado • Nuove situazioni ed emergenze a Roma 1980–1989, a cura di L. Pratesi, Galleria Rondanini, Roma • Scritture per l'arte, pres. L. Mango, Palazzo Biscari, Catania • Il sentimento della materia, a cura di A. Martino, Castello Aragonese, Crecchio (CH) • Presenze tra presupposti e tendenze nell'attualità, a cura di M. Apa, Pinacoteca Communale, Avezzano **1990** Invitata nella sezione «Aperto» della Biennale di Venezia • 2nd Minos Beach Art Symposium 1990, Creta (Grecia) • Fiers arte di Colonia, Galleria Oddi Baglioni, Germania **1991** Kunstlandschaft Europa – Roma Frankfurter Kunstverein, Francoforte (Germania) • Roma Interna – Museum moderner Kunst Stiftung Ludwig, Vienna • Amor Roma – Galerie Hilger, Vienna • L'Arte – Circolo degli artisti, Rom **BIBLIOGRAFIA:**

1979 Paolo Boccacci, Tre Pittori, Paese Sera **1981** Lucilla Catania, Autopresentazione, catalogo della personale, Roma • Paolo Boccacci, Quella scultura viene dal mare, Paese Sera • F. Vincitorio, Istituti italiani di cultura, L'Espresso **1983** Gaya Goldcymer, Risonanza/Resonance, catalogo della mostra, Palazzo Venezia, Roma • Achille Bonito Oliva, Eclettico è bello, Il Mattino di Napoli • Catherine Francklin, Risonanza/Resonance, Art Press, n. 70, Parigi • Gaya Goldcymer, Singular/plural, catalogo della mostra, Monaco • Gaya Goldcymer, Die Fabrik Art Press, Parigi • Achille Bonito Oliva, Bolaffi Arte Scultura • F. Vincitorio, Artisti italiani all'estero, L'Espresso • E. Cocuccioni, Singular/plural, Il Segno, Pescara **1984** Gaya Goldcymer, Inquadrature sulla Situazione, Efolo arte, Trieste • Gaya Goldcymer, Séquences, une situation italienne en quelques plans, Artistes n. 20, Parigi • Fulvio Abbate, Un disegno dell'arte, catalogo della mostra, Galleria La Salita, Roma • Bruno Mantura, Bolaffi Arte Scultura **1985** Quella scultura è una finzione, La Grande Milano Cronaca • Fulvio Abbate, Nuove trame dell'Arte, Reporter • Fulvio Abbate, Le ranc di Galvani, Reporter • Laura Cherubini, Lucilla Catania, Westuff, Firenze • Gaya Goldcymer, Catania: sculpteur, Artistes, n. 25, Parigi • Stefano Malatesta, Il circo di Achille, La Repubblica **1986** Lucilla Catania, Autopresentazione, nel catalogo Figure dallo sfondo, Galleria Ferro di Cavallo, Roma **1987** 7 sculptures from Rome, catalogo a cura di F. Menna, New York **1988** Giuditta Villa, Sculture di Lucilla Catania, Arte in Umbria, Gennaio • Giuditta Villa, Lucilla Catania, Juliet, Febbraio • Geometrie Dionisiache, Epoca, Maggio • Geometrie Dionisiache, Granz Bazar, Maggio • Geometrie Dionisiache, Noi donne, Maggio • Geometrie Dionisiache, Cosmopolitan, Maggio • Geometrie Dionisiache, L'Illustrazione Italiana, Maggio • Geometrie Dionisiache, Grazia, Maggio – Giugno • Geometrie Dionisiache, Habitat, Maggio – Giugno • Geometrie Dionisiache, Nodo, Maggio – Giugno **1989** Giorgio Bonomi, L'Antologia della Scultura, Arte in Umbria, Febbraio • Giuditta Villa, La statua è un punto, La Repubblica, Aprile • Lorenzo Mango, Di terra in terra, catalogo della mostra a Caltagirone, Aprile • Ludovico Pratesi, La Repubblica, Maggio • Lucilla Catania, L'Egoista, Giugno • Indisciplina, Catalogo a cura di B. Tosi, Luglio • Lucilla Catania, Flash Art, Agosto • S. Lux, Orientamenti dell'arte italiana dal '47 ad oggi, catalogo mostra di Mosca, Ciugi • Gabriella Dalesio, Lucilla Catania, Noi donne, Ottobre • Mariano Apa, Corriere della Sera **1990** Giuditta Villa, A fior d'acqua, catalogo mostra di Pontassieve (FI), Maggio • Biennale 90, La Repubblica, Maggio • Biennale 90, L'Espresso, Maggio • Lea Vergine, Eccentrici volumi, catalogo, Luglio • Lea vergine, Biennale 90, Vanity Fair, Agosto • Biennale 90, Capital, Settembre • Martina Corgnari, Donne in Biennale, Elle, Settembre • Biennale 90, Il Segno, Settembre – Ottobre • Lucilla Catania, Flash Art, Novembre **1991** Martina Corgnati, Senza prima nè dopo, catalogo mostra Centro S. Andrea, Savona, April • Peter Weiermair, Nè in cielo nè in terra, catalogo della mostra al Kunstverein di Francoforte, Giugno • Gabriele Nicol, Ne in cielo nè in terra, Frankfurter Neue Presse, Giugno • Martina Corgnati, Per una collezione, Catalogo della mostra a Umbertide (PC), Luglio • Dorothee Baer-Bogenschütz, Nè in cielo nè in terra, Frankfurter Rundschau, Luglio Michael Hierholzer, Nè in cielo nè in terra, Frankfurter Allgemeine Zeitung, Luglio • Ernst Buck, Nè in cielo nè in terra, Offenbach Post, Luglio • Adriana Polveroni, Italiani in pole position, L'Espresso, Luglio • Ruth Händler, Nè in cielo nè in terra, Stuttgarter Zeitung, Agosto • A. Z., Nè in cielo nè in terra, Frankfurter Woche, Agosto

Bruno Ceccobelli

Geboren in Todi 1952 – lebt und arbeitet in Rom · nato a Todi nel 1952 – vive e lavora a Roma.

MOSTRE PERSONALI: 1977 La Stanza, Roma · La Stanza, Roma · Spazio Alternativo, Roma **1979** Ugo Ferranti, Roma · Festival Cultura Italiana, Belgrado · S. Agata de' Goti, Roma **1980** Galleria Swart, Amsterdam · Expo Arte, Bari **1981** Ugo Ferranti, Roma · Galleria Yvon Lambert, Parigi **1982** Galleria Swart, Amsterdam · Galleria Weber, Torino · Galleria Diagramma/Luciano · Inga-Pim, Milano **1983** Salvatore Ala, New York Centrum · Culturel Helmund, Helmond **1984** Fiori dal diluvio, Mario Diacono, Roma Studio Malossini, Bologna · Forum Kunst, Rottweil **1984/85** Breccia Misericordiosa, Gian Enzo Sperone, Roma **1985** Sperone Westwater, New York **1986** Akira Ikeda Gallery, Nagoya · Colmo Calmo, Gian Enzo Sperone, Roma Gianfranco Zani, Torino **1987** Marianne Deson, Chicago · Studio Marconi, Milano · Galleria Pero, Milano · Galleria Totem Il Canale, Venezia · Galleria Yvon Lambert, Parigi **1988** Galleria Du Faisan, Strasburgo · Sala Uno, Roma Centro di Cultura Ausoni, Roma · Jack Shainman, New York · Palazzo Chigi, Viterbo · Altair, Torino · Mario Diacono, Boston · Caffè Florian, Venezia · Galleria Mar Estrada, Madrid · Galleria Triebold-Donati, Basilea · Galleria Swart, Amsterdam · Chiesa di S. Ilario, Todi · Galleria Sorrenti, Novara **1989** Galleria Yvon Lambert, Parigi · Jack Shainman Gallery, New York · Il Millennio, Roma · Mayor Rowan Gallery, Londra · Galleria Totem Il Canale, Venezia · Galleria Nicola Verlato, Bologna · Associazione Culture Pio Monti, Roma · Galleria Thomas Carstens, Barcelona **1990** Galerie Hilger, Francoforte **1991** Studio Ghiglione, Genova · Galleria Fluxus, Porto · Galerie Hilger, Vienna

MOSTRE COLLETTIVE: 1975 Albach, Austria · INCO Art fiera di Roma, Roma **1978** Ugo Ferranti, Roma **1979** «Parigi, o cara ...», Yvon Lambert, Parigi · «Europa '79», Stuttgart · «Bistrica/Ob Sotti», Zagreb · Galleria Ugo Ferranti, Roma **1980** «Perché ...», Galleria Ugo Ferranti, Roma · «Genius Loci», Acireale · Biennale di Belgrado, Belgrado · Biennale des Jeunes, Parigi · Galleria Swart, Amsterdam · Groninger Museum, Groninger · «Artemisia», Galleria Ugo Ferranti, Roma · «Italiana, Nuova Immagine», Ravenna **1981** «Al di là della soglia», Graziano Vigato, Alessandria «Arte e Critica 1981», Galleria Nazionale d'Arte Moderna, Roma · «Bestiario», Palazzo Mazzancolli, Terni · «Bianchi, Ceccobelli, Dessi, Gallo», Groninger Museum, Groninger; Haus am Waldsee; Berlino · «La memoria, l'inconscio», Studio La Torre, Pistoia **1982** 27° Mostra Nazionale d'Arte, Termoli · «L'immaginazione materiale», Palazzo Pretorio · Certaldo «Settimo Cielo», Galleria Weber, Torino · Premio Gallarate, Museo d'Arte · Moderna, Gallarate «Generazioni a confronto», Istituto Storia dell'Arte, Roma · «Kunst nu», Groninger Museum, Groninger **1983** «Post Critica», Pisa · Tracey Garet Michael Kohn, New York · Salvatore Ala, New York **1984** «Aperto '84», Biennale di Venezia, Venezia · Tracey Garet, New York · «Atelier», Roma · Marianne Deson, Chicago · «Attraversamenti», Rossa Paolina, Perugia · Espace Claudine Breguet, Parigi · Biennale del disegno, Alessandria · XI Quadriennale Nazionale d'Arte in Roma, Roma **1984/85** «De Umbris Idearum», Sperone Westwater, New York **1985** Galleria Exit, Krista Mikkola, Helsinki · Galleria Bo Franzen, Stoccolma · Capo d'Opera, Fiesole · Sperone Westwater, New York · Blum Hellman, New York · Biennale di Scultura, Graz · «Nuove Trame dell'Arte», Castello Colonna, Genazzano · «Arte e Alchimia», Biennale di Venezia, Venezia · «VI Biennale di Sydney», Sydney · «Bianchi, Ceccobelli, Dessi, Gallo», Riverside Studios, Londra · «Arte Santa», Ravenna · «Aspetti dell'Arte Italiana 1960–85», Hannover, Berlino, Francoforte, Vienna, Bregenz · «Bianchi, Ceccobelli, Dessi, Gallo», Tyler Gallery, Temple University, Tyler School of Art Pennsylvania · «Italiana 1950–1986», Madrid, Zaragoza, Valencia **1987** «Disegnata», Ravenna · Galleria Alessandra Bonomo, Roma · «I Luoghi dell'Atopia», Galleria d'Arte Moderna, Parma «Opere Italiane», Galleria Othmar Triebold-Donati, Basilea Galleria Niocla Verlato, Bologna · Folker Skulima, «Senza Titolo», Berlino · Galleria Nouvelles Images, Den Haag · «Futuro Presente», Barriera Albertina, Novara · «L'Art Sida», Yvon Lambert, Parigi · «Arte Pura», Chiesa di S. Francesco, Camerino · «Roma Punto Uno», La Nuova Pesa, Roma; Studio Marconi, Milano; Galleria Nicola Verlato, Bologna **1988** «Dal Ritorno all'Ordine al Richiamo della Pittura», Oslo, Stoccolma, Helsinki, Francoforte, Darmstadt, Bielefeld · «Pittori di Notte», Galleria Gregory, Roma · «Un film in un quadro», Galleria Gregory, Roma · «Le quattro stagioni», Galleria Gregory, Roma · «Scultura da Camera», Bari, Spoleto; Ginevra, Centre d'Art Contemporain · «Le scuole romane», Verona · Premio internazionale di Pittura, Scultura e Arte Eletronica, Guglielmo Marconi; Bologna · «Pittori Italiani», Casa Centrale degli Artisti Sovietici, Mosca · «Ubi Minor Ibi Maior», Arco di Raab, Roma · «Roma arte oggi», Break Club, Roma · Galleria Margiacchi, Arezzo · «David-Goliath», Jack Shainman, New York · Centro Culturale Francese, Roma · «New Art on Paper», The Junt Collection, Philadelphia Museum · «Figurabile», Studio Ghiglione, Genova · «Dannunziana», Pescara · Istitutio per la Cultura e l'Arte, Catania ·

Nykytaiteen Museum, Helsinki • «Arte Bicipite», Borgo Valsugana • «Roma Punto Uno», Emicla Galleria d'Arte, Gaeta • «Le Chiffre», Paris Esplanade du Chateau • Ghent Museum, curated by Jan Hutt, Ghent • «Ceccobelli, Pizzi Cannella», Planita Studio d'Arte, Roma; Mario Diacono, Boston • «De Kunstkamer», Dewer Art Gallery, Otegem, Belgio • «Voi chi dite che io sia?», Biennale d'Arte • Contemporanea N° 5, Siena • «Lo Sguardo Ruvido della Pittura», Galleria Cinquetti, Verona **1989** «Arazzi», Nuova Pesa, Roma • «Acquisizioni», Galleria Comunale d'Arte Moderna, Bologna • «Vivarte», Galleria Ponte Pietra, Verona • «En Peinture», Galleria Thomas, Munich • «Cosmica», Studio Ghiglione, Genova • «Selections», Murray & Elisabeth Rayburn Foundation, New York • «Drout a Pechin», Drout Montaigne, Paris, Pechin • «Il Boscaiolo Magico ...», Pio Monti, Roma • «The European Avant-Garde», Freedman Gallery, Reading PA • «Quadriennale di Roma», San Paolo del Brasile • «Fratelli d'Italia», Galleria Il Sole, Perugia • «Linee parallele», Galleria Il Sole, Perugia • «Drawings», La Nuova Città, Brescia • «Sculpture», La Città, Verona • «Nuove Acquisizioni», Palazzo Rosai-Spada, Spoleto • «Arte a Roma», Palazzo Rondanini, Roma • «Sogni dell'In-finito», Sabbadini Arte Contemporanea, Milano • «Roma '89», Galleria Art Actuel, Liegi • «Vivere il Mediterraneo», Messina • 1979–1989 American, italian, Mexican Art, Hofstra Museum, New York • L'Occhio della galleria, Fondazione Bevilacqua, La Masa, Venezia • «Cerere, spazi d'Artista», Galleria Altair, Torino • «Aspetti della Pittura Italiana dal dopoguerra ad oggi», Museo d'Arte Contemporanea, Rio de Janeiro • «Il Poema Material», Fiera Campionaria di Messina • «Euroarte», Biennale d'Arte, Guimaras Portogallo • «New Art from Italy», Alberta College of Art Gallery, Calgary, Alberta; City gallery of Contemporary art, Raleigh, North Carolina; Boise Art Museum, Idaho; Grand Rapids Art Museum, Grand Rapids, Michigan; The Hig Museum, Atlanta, Georgia; Everson Museum of Art, Syracuse N.Y.; Art Gallery of Nova Scotia, Halifax • «Veduta di Roma», Galleria Corraini, Manotva • «Romantica», Galleria Raffaelli, Trento • «Libro d'Artista», Galleria Totem il Canale, Venezia • Galleria Margiacchi, Arezzo • «Se un giorno un artista volesse inventare un oggetto da regalare», Galleria dell'Oca, Roma • «Accrochage», Galleria Triebold, Basilea • «Orientamenti dell'arte italiana-Roma 1947/1989», Mosca, Leningrado **1990** Bruno Ceccobelli, Robert Combas, Galleria Ponte Pietra Verona • Mediterranea Materia, Galleria Taidesaloniki Bellarte Helsinki • Presenze tra Presupposti e Tendenze nell'Attualità, Premio Città di Avezzano • Oscura Mente, Ceccobelli, Nunzio, Pizzi Cannella, Tirelli, Studio d'Arte Raffaelli, Trento • Pharmakon '90, Makuhari Messe • Giappone Ceccobelli Sanleon, Vera Van Laer Gallery, Knokke Entrico • Navarra Gallerie, Parigi • Il Tirolo visto dagli altri, Museo d'Arte Moderna, Bolzano, Innsbruck • «Fahnen für Rottweil», Forum Kunst, Rottweil • «Pròsopon», Galleria Ponte Pietra, Verona **1991** Arteroma '91, Palazzo dei Congressi, Roma Incompatibilità, Galleria Giulia, Roma • Roma Interna – Museum moderner Kunst Stiftung Ludwig, Vienna • Amor Roma – Galerie Hilger, Vienna **BIBLIOGRAFIA ESSENZIALE: 1980** Achille Bonito Oliva, Catalogo «Artemisia», Galleria Ugo Ferranti, Roma • Achille Bonito Oliva, Catalogo • «Genius Loci», Palazzo di Città Acireale **1981** Enzo Bargiacchi, Catalogo «La memoria l'inconscio», Studio La torre, Pistoia • Ida Panicelli, Catalogo «Arte e Critica 1981», Galleria Nazionale d'Arte Moderna, Roma • Silvana Sinisi, Catalogo «Bestiario», Palazzo Mazzancolli, Terni • Marisa Vescovo, Catalogo «Al di la' della soglia», Galleria Graziano Vigato, Alessandria **1982** Silvana Sinisi, Catalogo • «L'immaginazione materiale», Palazzo Pretorio, Certaldo **1984** Achille Bonito Oliva, Catalogo • «Ateliers», Studi Cerere, Roma • Achille Bonito Oliva, Catalogo • «Domenico Bianchi, Bruno Ceccobelli, Gianni Dessi, Giuseppe Gallo», Galleria Claudine Breguet, Parigi **1986** Lynne Cooke, Catalogo «Bianchi, Ceccobelli, Dessi, Gallo», Riverside Studios, Londra **1987** Alberto Boatto, Catalogo «Le figure, le case, i pozzi», Centro di Cultura Ausoni, Roma • Achille Bonito Oliva, Catalogo «Opere Italiane», Galleria Triebold, Basilea • Arnaldo Romano Brizzi e Bruno Ceccobelli, Dialogo, Catalogo «Le figure, le case, i pozzi», Centro di Cultura Ausoni, Roma • Italo Mussa, Catalogo «Le figure, le case, i pozzi», Centro di Cultura Ausoni, Roma **1988** Mariano Apa, Catalogo «Pittori e Poeti», Associazione Piazza Maggiore, Todi (PG) • Gianni Baget Bozzo e Bruno Ceccobelli, Dialogo, Catalogo • «Temporanea», Caffè Florian, Venezia • Alberto Boatto e Bruno Ceccobelli, Dialogo, Catalogo • «Temporanea», Caffè Florian, Venezia • Achille Bonito Oliva, Catalogo • «Dannunziana», Università Gabriele d'Annunzio, Pescara • Cecilia Casorati, Catalogo • «Dannunziana», Università Gabriele d'Annunzio, Pescara • Pietro Citati, Catalogo • «Dannunziana», Università, Gabriele d'Annunzio, Pescara • Gillo Dorfles e Bruno Ceccobelli, Dialogo, Catalogo «Temporanea», Caffè Florian, Venezia • Danilo Eccher, Catalogo • «Arte bicipite», Borgo Valsugana (TN) • Danilo Eccher, Catalogo «Lo sguardo ruvido della pittura», Galleria Cinquetti, Verona • Andrea Gareffi, Catalogo • «Dannunziana», Università Gabriele d'Annunzio, Pescara • Bruno Mantura, Catalogo «Dal Ritorno all'Ordine al Richiamo della Pittura», Stoccolma, Helsinki, Oslo, Francoforte • Raffaele Morelli e Bruno Ceccobelli, Dialogo, Catalogo «Temporanea», Caffè Florian, Venezia • Roberto Mussapi, Catalogo «Dannunziana», Università Gabriele

d'Annunzio, Pescara • Roberto Nardi e Stefano Stipitivich, Catalogo «Temporanea», Caffè Florian, Venezia • Enzo Sicilano, Catalogo «Pittori e Poeti», Associazione Piazza Maggiore, Todi (PG) • Giovanni Testori, Catalogo «Dal Ritorno all'Ordine al Richiamo della Pittura», Stoccolma, Helsinki, Oslo, Francoforte **1989** Alberto Boatto, Catalogo «Nascere dentro, rinascere alto», Galleria • Thomas Carstens, Barcelona • Giorgio Bonomi, Catalogo «Fratelli d'Italia», Galleria Il Sole, Perugia • Flaminio Gualdoni, Catalogo «D'avo Uova», Galleria Nicola Verlato, Bologna • Raffaele Morelli, Catalogo «I sogni dell'Infinito», Sabbadini Arte Contemporanea, Milano • Alessandra Mammì e Susan Sollins, Catalogo «Eternal Metaphors; New Art from Italy», Mostra itinerante **1990** Luigi Meneghelli, Catalogo Oscura Mente, Studio d'Arte Raffaelli, Trento • Peter Weiermair, Catalogo Ikonen und Pietas, Galleria Hilger, Francoforte **1991** Bernardo Pinto de Almeida, Catalogo • Ceccobelli opere recenti, Galleria Fluxus, Porto • Patrizia Ferri ed Enrico Mascelloni, Catalogo «Incompatibilità», Galleria Giulia, Roma Gradoli Palazzo Farnesiano • Galleria Bianca Pilat, Milano

GIANNI DESSI

Geboren in Rom 1955 – lebt und arbeitet in Rom · nato a Roma nel 1955 – vive e lavora a Roma.

MOSTRE PERSONALI: 1979 Arte Fiera, Bologna **1980** Galleria Swart, Amsterdam – Olanda • Galleria Ugo Ferranti, Roma – Italia • Galleria Yvon Lambert, Paris – Francia **1981** «Perspective '81», Basel, Switzerland • Gallerie Swart, Amsterdam – Olanda **1982** Galerie Nicole Genet, Lausanne, Switzerland • Galerie Folker Skulima, West Berlin – Germania • Galleria Ugo Ferranti, Roma – Italia **1983** Salvatore Ala, New York – U.S.A. • Galerie Art in progress, München – Germania **1984** Galerie Lupke, Frankfurt – Germania • Salvatore Ala, Milano – Italia • Galleria Ugo Ferranti, Roma – Italia **1985** Galleria Gian Enzo Sperone, Roma – Italia • Capodopera, Fiesole – Italia • Sperone Westwater Gallery, New York – U.S.A. • Galerie Folker Skulima, Berlin – Germania **1986** Galleria Gian Enzo Sperone, Roma – Italia **1987** Galerie Folker Skulima, Berlin • L. A. Louver Gallery, Venice, Ga., U.S.A. • Sperone Westwater, New York, U.S.A. **1989** L. A. Louver Gallery, Venice, U.S.A. • Galleria Gian Enzo Sperone, Roma – Italia • Galerie Triebold, Basel – Svizzera **1990** Galleria Il Capricorno, Venezia – Italia • Galleria Alessandro Bagnai, Siena – Italia **1991** Sperone Westwater Gallery, New York, U.S.A. • Galerie Volker Diehl, Berlin – Germania • «Camera Picta» Edicola Notte, Roma – Italia • • Dino e Rossella Arrigo, Messina – Italia

MOSTRE COLLETTIVE: 1978 Ugo Ferranti, Rome **1980** «Perché», Ugo Ferranti, Rome • Galerie Swart, Amsterdam • «Artemisia», Ugo Ferranti, Rome • Groninger Museum, Groningen • «Italiana nuova immagine», Ravenna **1981** «Biennale de Sao Paulo», Sao Paulo • «Al di là della soglia», Galleria Vigato, Alessandria, Italy • «Immagination – Farbe», Haus am Waldsee, Berlin • «Bianchi, Ceccobelli, Dessi, Gallo», Groninger Museum, Groningen • Haus am Waldsee, Berlin • «La Memoria, l'inconscio», Studio la Torre, Pistoia **1982** «Biennale del Jeunes», Paris • «Sans Titre», Musee de Toulon, Toulon • «Forma Senza Forma», Galleria Civica, Modena **1983** «Trigon '83», Graz • Salvatore Ala, New York **1984** «La Scuola di Atene», Palazzo di Città, Acireale • «Gianni Dessi, Giuseppe Gallo», Ugo Ferranti, Rome • «Aperto '84», Biennale di Venezia, Venezia • «An International Survey of Recent Painting and Sculpture». The Museum of Modern Art, New York • Tracey Garet, New York • Espace Claudine Breguet, Paris, Francia • Marianne Deson, Gallery Chicago • Atelier, Pastificio Cerere, Roma **1984** «De Umbris Idearum», Sperone Westwater Gallery, New York **1985** «Anni Ottanta», Chiostro di San Domenico, Imola • Galerie Exit Krista Mikkola, Helsinki • Galleria Bo Franzen, Stockholm • «Nuove Trame dell'Arte» Castello colonna di Genazzano, Genazzano • «L'Italie aujourd'hui», Centre National d'Art Contemporain, Nice • «Festa dell'Arte», Castello di Volpaia, Volpaia • «Nuove Trame dell'Arte», Genazzano • «Con Passo e con Passione», Figura Gallery, New York • «Mystic and Imagination», Folker Skulima Gallery, Berlin • «Museum, Museum, Museum», Kunstmuseum, Hamburg **1986** Galerie Zero, Stockholm • «Poetic Space», Bruno Facchetti Gallery, New York • Eugene Binder Gallery, Dallas • Quadriennale di Roma • Tyler Gallery, Tyler School of Art, Elkins Park, Philadelphia • Galerie Carini, Florence • «Opere su carta di Bianchi, Ceccobelli, Dessi, Gallo», Totem Il Canale, Venezia • «Arte e Alchimia», Biennale, Venezia «Il Sogno Italiano», Genazzano • «American/European Painting and Sculpture 1986», L. A. Louver Gallery, Venice, CA • «Bianchi, Ceccobelli, Dessi, Gallo» Riverside Studios, London **1987** «Three Solo Exhibitions by Artists Living in Rome» L. A. Louver, Venice, California,

June 25–July 25, Gian Enzo Sperone, Rome, June-July 1987 · Dewer gallery, Otegem, Belgium **1988** «Le Seuole Romane, sviluppi e continuità» Galleria D'Arte Moderna, Palazzo Forti, Verona · «Bianchi, Dessi, Gallo», Galleria G. E. Sperone, Roma · «Trait d'Union», Accademia di Francia, Roma · «La Galleria più bella d'Italia» Progetto Firenze – Fortezza da Basso, Firenze · «Dal ritorno all'ordine al richiamo della pittura, 1920–1987» – Mathildenhöhe – Darmstadt – Germania · Bielefelder Kunsthalle – Germania · Kunstnernes – BNS – Oslo – Norvegia · Ateneumin Taidemuseo – Helsinki – Finlandia **1989** Biennale arte contemporanea – Gulamres – Portogallo · «Aspetti della pittura italiana del secondo dopoguerra ad oggi» Rio de Janeiro Museo de Belas Artes Museo de Artes, S. Paolo del Brasile – Brasil · «Les novos Romanos» Museo do poblo Galeno, Santiago de Compostela Circulo de Bellas Artes – Madrid – Spain · «Se una sera d'inverno ...» Galleria dell'Oca, Roma, Italia **1989** «Aspetti dell'astrazione e della figurazione in Italia Anni '80: Ditt Museo Arte Contemporanea, Helsinki; Kaupungin Taide Museo; Istambul – Ankara Museum – Tel Aviv, Museo Beer Sheva **1990** «Dedalus» Ascona, 35 Salon de Montrouge – Montrouge France **1991** «60–90» Trent'anni di avanguardie romane» Palazzo dei Congressi, Roma · «70–90» Avanguardie in Italia, Monreale · «Roma Interna» – Museum moderner Kunst Stiftung Ludwig, Vienna · „Amor Roma" – Galerie Hilger, Vienna · «La metafisica della luce», John Good Gallery, New York **BIBLIOGRAFIA: 1978** Achille Bonito Oliva, in CORRIERE DELLA SERA, June 15, 1978 · Paolo Boccacci, «Ipotesi di giovani» in PAESE SERA, June 19, 1978 **1980** Achille Bonito Oliva, Catalogue, «Italiana nova immagine» Ravenna, 1980 · Lily van Ginneken, «Ean Renaissance uit Italie», in DE VOLKSKRANT, Mar. 9, 1980 · Italo Mussa, «Appuntamento a Ravenna per 24 artisti», in AVANTI, March 9, 1980 · Giorgio Verzotti, «Italiana nuova immagine», in SEGNO, no. 15, 1980 · Italo Mussa, «Vampate di pittura e sconfinamenti allegorici», in FLASH ART INTERNATIONAL no. 96–97, 1980 · Achille Bonito Oliva, catalogue, «Artemisia», Galleria Ugo Ferranti, Rome 1980 · Laura Cherubioni, «Ritorna alla ribalta la vicenda di Artemisia», in AVANTI September 3, 1980 · «Artemisia», in SEGNO, no. 18, 1980 · Laura Cherubini, in SEGNO no. 18, 1980 **1981** Enzo Bargiacchi, Catalogue, «La memoria, l'inconscio», Studio La Torre, Pistoia, 1981 · Enrico Cocuccioni, «Senza corpo ne lode», in SEGNO, no. 18, 1981 · Anne Deghert, «Gianni Dessi, Edda Rencuf, Galerie Yvon Lambert Paris», in ART PRESS no 45, February 1981. Edith Schloss, «Nazarene Art Chaste, Sweet, Heavy», in INTERNATIONAL HERALD TRIBUNE, July 2, 1981 · Laura Cherubini, «La memoria, l'inconscio», in SEGNO no. 19, 1981 · Massimo Carboni, E l'inconscio si fa segno», in IL TIRRENO, February 14, 1981 · Roberto Lambarelli, «Perché ...», in FLASH ART INTERNATIONAL, no. 102, 1981 · Italo Mussa, «La nuova scuola romana», in FLASH ART INTERNATIONAL no. 103, 1981 · Francesco irone, «Perché ...», in JULIET no. 2, 1981 Frans Haks, DOMENICO BIANCHI, BRUNO CECCOBELLI, GIANNI DESSI, GIUSEPPE GALLO, Groninger Museum, Catalogue, Groningen, 1981 **1984** Bernarde Lamarche-Vadel «La Forza de Pensiero», Gallerie Claudine Breguet, Parigi, Ottobre 84, Catalogo del la mostra · Achille Bonito Oliva «Bianchi, Ceccobelli, Dessi, Gallo», Gallerie Claudine Breguet, Ottobre 84, Catalogo della mostra · Achille Bonito Oliva «Ateliers», Catalogo, Ediz. Carte Segrete, Roma, 1984 **1985** Kim Levin, in «An Opinionated Survey of the Week's Evants», in THE VILLAGE VOICE vol. XXX, no. 2, January 8, 1985, p. 52 · Amei Waalach, «Abstracts and Other Currents», in NEWSDAY, Friday, January 18, 1985 · Viviaen Rayner, in THE NEW YORK TIMES, Sunday, January 20, 1985, section I p. 44 · Anonymous article, «Espace Claudine Breguet», in GALEIRES MAGAZINE, April 1985, pp. 34–35 · Bernard Lamarche-Vadel «Kuva Ajatuksissa», in BIANCHI, CECCOBELLI, DESSI, GALLO, Catalogo della mostra, Galleria Exit-Krista Mikkola, Helsinky, Febbr./Marzo 85 · Eleanor Heartney, «De Umbria idearum», in ARTNEWS, vol. 85 no. 4, April 1985, p. 136 · Ron Warren, review, in ARTS MAGAZINE, February 1985, vol. 59, no. 6, p. Helena Kontova and Giancarlo Politi, «Paris Biennale and Turin's New Museum», in FLASH ART INTERNATIONAL no. 122, April/May 1985, pp. 36 · John R. Clarke, «Circuses and Brad: Achille Bonito Oliva's Nuove Trame Dell'Arte at Genazzano», in ARTS MAGAZINE, October 1985, vol. 60, no. 2, pp. 34–39 **1986** Matthew Collings, «More and Less Passion Achille Bonito Oliva», in ARTSCRIBE, no. 56, February/March, 1986, pp. 42–43 · Lynne Cooke, BIANCHI, CECCOBELLI, DESSI, GALLO, The Riverside Studios, London, 1986 · Andrew Graham-Dixon, «Old Age Serene and Bright», in THE INDEPENDENT Catalogo, London, Monday, December 1, 1986, p. 13 Galeria Carini, BIANCHI, GALLO, DESSI, SCHNABEL, SULTAN, Catalogo, Firenze · William Feaver, «Turns, loops, flicks of the wrist», in THE OBSERVER, London, Sunday 30, November 1986, p. 26 · Giovanni Iovane, in FLASH ART, no. 137, February–March, 1987, p. 50 **1986** Rita Imwinkelried, in ART, no. 11, November 1986, p. 11 · Mark Currah, review in CITY LIMITS, London, November 27–December 4, 191 · Claudio Verna «Gianni Dessi», (intervista) FLASH ART no. 131, Marzo 1986 · Rita Imwinkelried «Italians neue Welle kommt aus der Nudelfabrik», in DAS KUNSTMAGAZIN, 11 Nov. 1986 · Paolo Balmas «Il linguaggio-materia di Gianni Dessi», in PAESE SERA, 15. 12. 86 · Arturo Swartz – Arte e Alchimia – catalogo Venezia Biennale · Achille Bonito Oliva Il sogno italiano, catalogo, Prearo Ed **1987** Marjorie

Althorpe-Guyton «Bianchi, Ceccobelli, Dessi, Gallo – Riverside Studios», in ART SCRIBE, May 1987 · «The Argonaut», June 25, 1987 · Kristine McKenna in Los ANGELES TIME, July 3, 1987 · THE NEW YORK TIMES, Dec. 18, 1987 **1988** Donald Kuspit «Gianni Dessi at Sperone Westwater», in ART FORUM, March 1988 · Roberto Lambarelli «L'arte a Roma. Un'avanguardia internazionale 1960–1988», Catalogo della mostra «Le Scuole romane – Sviluppi e Continuità», Comune di Verona, Apr./giugno 1988 · Bruno Mantura «Dal ritorno all'ordine al richiamo della pittura 1920–1987», Catalogo – Darmstadt **1989** Paula Holmila «Kultivoitunest italialaiset», in USI SUOMI, 9. 3. 89 · Anna Maria Corbi «Gianni Dessi» in PROPOSTE, anno 3° no, 12 · Patrizia Ferri «GIANNI DESSI», in Spotlight no. 151 · FLASH ART estate 89 · Renato Barilli «Una mappa ricca e molto intrigante su L'ESPRESSO» 13. 8. 89 · Bruno Mantura «Aspetti della pittura italiana dal secondo dopoguerra ad oggi», catalogo mostra al Museo de Belas Artes – Rio de Janeiro – Brasile · Anton Castro – Los nuvos Romanos – Santiago de Compostela Madrid – Circulo de Bellas Artes **1990** Alessandra Mammi, «Eternal Metaphor. New art from Italy» catalogo della mostra Traveling Exibition, Philippe Collection – Washington USA · Marco Colapietro, «Gianni Dessi» catalogo mostra, Galleria Alessandro Bagnai – Siena · Libro «Domenico Bianchi, Gianni Dessi, Giuseppe Gallo» · Art Random Kyoto shu Japon · Achille Bonito Oliva – 35° Salon Montrouge – Paris – France · Achille Bonito Oliva – L'arte moderna – Sansoni **1991** Giuditta Villa «Edicola notte Gianni Dessi», Flash Art 163 estate 1991 **1991** Daniela De Dominicis «Le notti all'edicola», Opening estate 1991 · Catalogo mostra «Gianni Dessi», Sperone-Westwater New York, USA · Laura Cherubini, Arnaldo Romani Brini, «Trent'anni di avanguardie romane», catalogo, Roma · Francesco Gallo, '80–'90 avanguardie in Italia, Monreale · Catalogo mostra «Gianni Dessi», Dino e Rossella Arrigo, Messina – Italia · Elio Cappuccio «Intervista», TEMA CELESTE, novembre '91 · Demetrio Paparoni: «La metafisica della Luce», John Good Gallery, New York · Michelangelo Castello: «L'estetica degli Anelli», Ed Tema Celeste

GIUSEPPE GALLO

Geboren in Rogliano 1954 – lebt und arbeitet in Rom · nato a Rogliano (Cosenza) nel 1954 – vive e lavora a Roma.

MOSTRE PERSONALI: 1976 Galleria Ferro di Cavallo, Roma **1977** Galleria La Stanza, Roma **1979** Arte Fiera, Bologna · Galleria De Ambrogi, Milano **1980** Galleria Ugo Ferranti, Roma · Galerie Swart, Amsterdam **1981** Haus am Waldsee, Berlin **1982** Galleria De Ambrogi, Milano · Galleria Ugo Ferranti, Roma **1983** Galleria Ugo Ferranti, Roma **1984** «Capo d'Opera», Fiesole **1985** Galleria Gian Enzo Sperone, Roma · Espace Claudine Breguet, Paris **1986** Sperone Westwater, New York **1987** L. A. Louver, Los Angeles · Akira Ikeda Gallery, Tokyo · Sperone Westwater, New York **1988** Galleria Gian Enzo Sperone, Roma · Galerie Triebold, Basel **1989** Feigen Inc., Chicago · Sperone Westwater, New York · «Gallo è pazzo», Galleria A. Bagnai, Siena **1990** L. A. Louver, Los Angeles, April 28–May 26 · XLIV Biennale di Venezia, sala personale, Padiglione italiano, Venezia · Galleria Gian Enzo Sperone, Roma **1991** ARCO, Madrid · Gutharc Ballin Galerie, Parigi · Gian Ferrari Arte Contemporanea, Milano

MOSTRE COLLETTIVE: 1976 Galleria San Fedele, Milano **1978** Galleria Ugo Ferranti, Roma · «A cosa serve un libro senza figure», Galleria Giulina, Roma **1979** «Europa 1979», Stuttgart · Arte Fiera, Bologna · «Parigi, o cara ...», Gallerie Yvon Lambert, Paris **1980** Galerie Swart, Amsterdam · «Italiana, Nuova Immagine», Ravenna · «Artemisia», Galleria Ugo Ferranti, Roma · «Perché ...», Galleria Ugo Ferranti, Roma **1981** Groninger Museum, Groningen · Haus am Waldsee, Berlin · «La Memoria e l'Inconscio», Studio La Torre, Pistoia · «Razionale Decorativo», Toriono **1982** Helmond Museum, Helmond **1983** «Critica ad Arte», Pisa · Galerie Pakesch, Wien · Annina Nosei Gallery, New York · Salvatore Ala, New York **1984** Marianne Deson Gallery, Chicago · Gallerie Claudine Breguet, Paris · Sperone Westwater, New York · «Ateliers», Roma **1985** Nouvelle Biennale de Paris · Krista Mikkola, Helsinki · Bo Franzen, Stockholm · «L'Italie aujourd'hui», Centre National d'Art Contemp., Nice · «Festa dell'Arte», Castello di Volpaia · «Nuove Trame dell'Arte», Genazzano · «Anni Ottanta», Imola · «Con Passo e con Passione», Figura Gallery, New York **1986** «Italiana 1950–1986», Valencia, Madrid, Zaragoza · Quadriennale, Roma · Gallerie Claudine Breguet, Paris · «Opere su carta di Bianchi, Ceccobelli, Dessi e Gallo» Galleria Totem/Il Canale, Venezia · «Arte e Alchimia», Biennale di Venezia · «Il Sogno Italiano», Genazzano · «Bianchi, Ceccobelli, Dessi, Gallo», Riverside Studios, London · Galleria Carini, Firenze · Tyler Gallery, Temple

University, Elkins Park (PA) · Tyler School of Art, (PA) **1987** Galerie Folker Skulima, Berlin · Galerie Beyeler, «Basel Arte Fair», Basel · Galleria Emilio Mazzoli, Modena · Arte Fiera Internazionale, Milano · «Bianchi, Dessi, Gallo», Galleria Gian Enzo Sperone, Roma · Deweer Art Gallery, Otegen, Belgique **1988** «Le scuole romane, sviluppo e continuità», Galleria d'Arte Moderna, Palazzo Forti, Verona · Galerie Triebold, Basel · «European Painting», L. A. Louver, Los Angeles, CA · «Figurabile», Studio Ghiglione, Genova · Deweer Art Gallery, Otegen, Belgique · «Bianchi, Dessi, Gallo», Galleria Gian Enzo Sperone, Roma · Palazzo dei Diamanti, Ferrara · «La Galleria più bella d'Italia», Fortezza da Basso, Firenze · Duke University Museum of Art · «Crinali», Padiglione d'Arte Contemporanea, Palazzo Massai, Ferrara · «Trait d'Union», Accademia di Francia, Roma **1989** «A' Propos de Dessin», Galerie Adrien Maeght, Paris · Biennal of Contemporary Art of Guimares · «Los Novos Romanos», Museo de Pobo Galego, Santiago de Compostela · Circulo de Bellas Artes, Madrid · Galerie Triebold, Basel · Kaupungin Taide Museum, Helsinki · II International Biennal of Art, Istambul · Museum of Modern Art, Ankara · Beer Sheva Museum, Tel Aviv · Galleria Sprovieri, Roma · Gallerie Adrien Maeght, Paris **1990** «Arco '90», Madrid · «Mischiare le carte. Immagine speculare» Gian Ferrari Arte Cont., Milano · «Un siecle de Creation», Galleria Belier, Parigi · «Pharmakon '90», Tokio · Galleria Bagnai, 1989–1990, Siena · «Sculture alla Villa Reale», Monza **1991** «60–90 Trent'Anni di Avanguardie Romane», Palazzo dei Congressi, Roma · Roma Interna – Museum moderner Kunst Stiftung Ludwig, Vienna · Amor Roma – Galerie Hilger, Vienna **BIBLIOGRAFIA: 1977** P. B. Garolin, «Undici per uno», Il Messaggero, Nov. 15 **1978** A. Bonito Oliva, Il Corriere della Sera, Feb. 23 · Paolo Roccacci, Paese Sera, «Ipotesi di Giovani», June 19 **1979** Annelie Pohlen, «Zum italienischen Beitrag für Europa 79», Kunst Forum International, no. 36 · Luisa Somaini, La Repubblica, May 30 · Bernard Blistene, «Parigi o cara», Flash Art, Nov./Dec. 79 · Rudy Bergmann, «Aufregungen Provokationen», Stuttgarter, Oct. 12 **1980** «Parigi o cara», Segno, no. 14 · A. Bonito Oliva, Il Corriere della Sera, Jan. 17 · R. Barilli, «Inchiesta sugli anni 80», Bolaffi Arte, 1980 · Lilla van Ginneken, «Een Renaissance uit Italic», De Volkskrant, March 1 · Edith Schloss, The international Herald Tribune, March 8 · Achille Bonito Oliva, «Italiana: nuova immagine», Ravenna · Italo Mussa, «Appuntamento a Ravenna per 24 artisti», Avanti, March 9 · «Italiana nuova immagine», Segno, no. 15 · R. G. Lambarelli, Flash Art, no. 96–97, April/may · Italo Mussa, «Vampate di pittura e sconfinamenti allegori», Flash Art, no. 96–97, April/May · A. Bonito Oliva, Artemisia, Galleria Ugo Ferranti, Rome · Laura Cherubini, «Ritorna alla ribalta la vicenda di Artemisia», Avanti!, August 3. «Artemisia», Segno, no. 17, Sett. · Roberto Lambarelli, «Giuseppe Gallo», Segno, no. 15, March/Apr. · Paul Denker Duyvis, «De Verbegen didaktick van Frans Haks», Museum Journal, no. 6/80 **1981** Italo Mussa, «Avventure e approdi della pittura d'oggi» Avanit, Feb. 1 · Edith Schloss, «Nazarene Art Chaste, Sweet, Heavy», The International Herald Tribune, Feb. 7 · Roberto Lambarelli, «Perché», Flash Art, no. 102, March/April · Enrico Cocuccioni, «Senza corpo né lode», Segno, no. 18 · Roberto Lambarelli, «Razionale decorativo», APGAM, Turin · Italo Mussa, «La nuova scuola romana», Flash Art, no. 103 · Groninger Museum, «Domenico Bianchi, Bruno Ceccobelli, Gianni Dessi, Giuseppe Gallo», Groningen und Haus am Waldsee, Berlin · Enzo Bargiacchi, «La memoria, l'inconscio» Studio La Torre, Pistoia · Paolo Goggioli, «La memoria, l'inconscio», La Città, February 6 · Laura Cherubini, «La memoria, l'inconscio», Segno no. 19, Jan./Feb. · Massimo Carboni, «E l'inconscio si fa segno», Il Tirreno, February 14 · Barbara Tosi «Undici artisti d'oggi a Pistoia», Avanti!, May 17 · «A Pistoia esplorano l'inconscio», Toscana qui, March · Philip Peters, «Ult elzinningetheorieen wel eerder grele kunst entstaan De Ti jid», June 19 · Winshrte Courant «Leedsware Italianse symbolyck», June 6 · Jan Wessels, «Het Ik-ti jdperk in de beeldende junst» Nieuwsblad Van Het, June 9 · Paul Goot, «Vier Italienen» N. B. C. Hardelsblad, June 9 **1982** Groninger Museum, «Kunst Nu» Groningen **1984** Galerie Claudine Breguet, «Domenico Bianchi», Bruno Ceccobelli, Gianni Dessi, Giuseppe Gallo», essays by A. Bonito Oliva and Bernard Lamarche – Vadel, Paris · A. Bonito Oliva, Ateliers, Rome · Domenico Bianchi, Bruno Ceccobelli, Gianni Dessi, Giuseppe Gallo · «De Umbris Idearum», Sperone Westwater, New York · Lorenzo Mango, Paese Sera, March 13 · Vito Apuleo, Il Messaggero, March 13 · Ken Sofer, «From Blowups to Squids», The World, March · Charlotte Moser, «New views of italian art today», Reader, June 27 · A. Bonito Oliva, «Laboratorio creativo di sette artisti», Avanti!, June 27 · Laura Cherubini, «Pittura d'oggi a S. Lorenzo», Avanti!, June 24 · Alan G. Artner, Chicago Tribune, Aug. 3 · Alessandra Manni, L'Espresso, Nov. 3 · Lorenzo Mango, Paese Sera, June 20 · Vito Apuleo, «Ateliers», Il Messaggero, July 17 · A. Bonito Oliva, Catalogo Breguet, Paris · Bernard Lamarche-Vadel, Catalogo Breguet, Paris · Paolo Balmas, «Il Miracolo di S. Lorenzo», Segno, Feb. · Enrico Cocuccioni, Flash Art, no. 121, June **1985** Amei Wallach, «Abstracts and other currents», Newsday, Jan. 18 · Ron Warren, Arts, vol. 59, no. 6, p. 39, February · Kim Levin, «An Opiniated Survey of the Weeks Events» The Village Voice, vol. XXX, no. 2, p. 52, January · Theodore F. Wolff, The Christian Science Monitor, p. 23, June 24 · Giuseppe Gallo, Lo Spazio Umano,

no. 1, Jan./March · Eleonor Heartney, Artnews, vol. 85, no. 4, p. 136, April · Galeries, pp. 34–35, April · Vivien Raynor, The New York Times, Jan., 20 Section I, p. 44 · Helena Kontova and Gian Carlo Politi, «Paris Biennale and Turin's New Museum», Flash Art, no. 122, pp. 36–37 April/May · John R. Clarke, Arts, Oct. vol. 60, no. 2, pp. 34–39 · Michelangelo Castello, «L'Ordine degli Angeli» and Demetrio Paparoni, «Collaborations» Tema Celeste, no. 7, pp. 32–28, November · A. Bonito Oliva «Minori Maniere», Feltrinelli · Maria Luisa Agnese e Rachele Enriquez, Panorama, Giugno · Fulvio Abbate «Gallo e il monologo interiore», Reporter, Nov. · G. Zanglieri, Anniottanta, Imola · A. Bonito Oliva, G. Boudaville, J. P. Faye, H. Heiss, G. Gassiot-Talabot, M. L. Syring, P. Courcelles, Nouvelle Biennale de Paris, Paris · Galerie Exit, Krista Mikkola, Domenico Bianchi, Bruno Ceccobelli, Gianni Dessi, Giuseppe Gallo, Helsinki · A. Bonito Oliva, Nuove Trame dell'Arte, Genazzano **1986** Ida Pannicelli, Artforum, vol. XXIV, no. 7, p. 130, March · Giuseppe Gallo, Sperone Westwater, New York · Clelia Capua, Leader, Giugno · «The Italian Taste», Leader, Tokyo · Franco Miracco, Epoca, no. 1875 · Laura Cherubini, Flash Art, no. 131, «Gallo» · Barry Schwabsky, Flash Art, no. 134 · Paolo Colombo, Tyler Gallery, Oct./Nov. · A. Bonito Oliva, Catalogo Italiano 1950–1986, Valencia · Barbara Tosi, Catalogo Italiano 1950–1986, Valencia · A. Bonito Oliva, Sogno Italiano, Genazzano · Arturo Schwartz, Biennale di Venezia, Catalogo · Lynne Cooke, Riverside Studios, London · Lea Vergine, «Nuovi Pittori», Panorama, Febbr. · Enzo Siciliano, L'Espresso, 19 Gennaio, 1986 · Mirella Serri, L'Espresso, Jan. 19 · Pier Luigi Tazzi, Wolkenkratzer Art Journal, Jan. · A. Bonito Oliva, «L'Indeterminazione, Arte Poetica Contemporanea», Reporter, Feb. · Andrew Graham-Dixon «Old age, serene and bright» in The Independent, Dec. 1, 1986 · William Feaver, «Turns, loops, flicks of the wrist» in Observer Review, Nov. 30, 1986 **1987** Holland Cotter «G. Gallo at Sperone Westwater» in Art in America, May · Tony Godfrey in Burlington Magazine, Jan. 1987 · Marjorie AllthorpeGuyton «Bianchi, Ceccobelli, Dessi, Gallo» in Artscribe, May 1987 · Erle Moestue Bugge in Aftenposte, Oslo, Sept. 19, 1876 · The Argonaut, June 25, 1987 · Kristine Mc Kenna in Los Angeles Times, July 3, 1987 **1988** Achille Bonito Oliva «Giuseppe Gallo» in New Art International no. 2 September 1988 · Marco Colapietro «Tu» in Tu, Gian Enzo Sperone (catalogo della mostra) Aprile 1988 · Manuela Gandini in Flash Art Edizione Italiana no. 145, Estate 1988 · Laura Cherubini, New Art International no. 2, September **1989** Alessandro Gulotta «G. Gallo: l'essenzialità della pittura» Next no. 4, Giugno/Agosto · Alan G. Artner «Italian Artist G. Gallo stretches time», Chicago Tribune, December 1 **1990** Donald Kuspit «G. Gallo at Sperone Westwater», Art Forum, March Kathryn Hixson «Chicago in Review», Art Magazine, February

NUNZIO

Geboren in den Abruzzen 1954 – lebt und arbeitet in Rom · nato nell' Abruzzo nel 1954 – vive e lavora a Roma.

MOSTRE PERSONALI: 1981 «Nunzio Di Stefano», Galleria Spatia, Bolzano **1984** «XI sculture», Galleria l'Attico, Roma **1985** «Capodopera», Fiesole · «Nunzio», Annina Nosei Gallery, New York **1986** «Nunzio», Galleria L'Attico, Roma **1987** «Nunzio», Annina Nosei Gallery, New York · «Nunzio», Galerija Studentokog Kulturnog centra, Beograd Galerija Forum Niksic Beograd · «Nunzio», L'isola della scultura», Galleria Civica, Moderna **1988** «Nunzio, Sul guado dello labbok», Galleria L'Attico, Roma · Galleria Bonomo, Bari **1989** Galerie Triebold, Basel · Galerie Di Meo, Paris · Galleria Bagnai, Siena **1990** Studio Cannaviello, Milano · Galleria Bonomo, Bari **1991** Galleria Dell'Oca, Roma · Galerie H. S. Steinek, Vienna

MOSTRE COLLETTIVE: 1982 «Lapsus», Galleria La Salita, Roma **1984** «Extemporanea», Galleria L'Attico, Roma · «Ateliers», Roma · «Jeune sculpture européenne», Galerie Cimaise et Portique, Albi · «Tridimensionale», Galleria Civica d'Arte Contemporanea, Termoli · «Nunzio Tirelli Pizzi Cannella», Galleria Stevens, Padova · «Forum», Zurigo · «Artisti e scrittori», Rotonda della Besana, Milano · «La mostra bianca», Galleria L'Attico, Roma **1985** «Nuovi argomenti», PAC, Milano · «Nouvelle Biennale de Paris», Parigi · «Four Italian artists», Northern Illinois University Art Gallery, Chicago · «L'Italian Aujourd'hui», Centre National d'Art Contemporain, Nizza · «Nuove trame dell'arte», Castello Colonna, Genazzano · «Anniottanta», Galleria Civica d'Arte Moderna, Bologna · «Trigon», Neue Galerie am Landesmuseum Joanneum, Graz · «La nuova scuola romana», Galerie Bleich-Rossi, Graz · «Premio del Golfo», Castello Municipale, Lerici · «Giovani pittori italiani», Museum de Arte de São Paulo, San Paolo del Brasile · «Arte in cor-

nice», Galleria L'Attico, Roma **1986** «Aspekte der italienischen Kunst», Frankfurter Kunstverein, Francoforte – Haus am Waldsee, Berlin – Kunstverein Hannover, Hannover – Bregenzer Kunstverein Künstlerhaus – Palais Thurn und Taxis, Bregenz – Hochschule für angewandte Kunst, Vienna • «Post-astrazione», Rotonda della Besana, Milano • «Sixth Biennale of Sidney», Sidney • «XLII Esposizione Internazionale d'Arte» – La Biennale di Venezia, Venezia • «Undicesima Quadriennale di Roma», Palazzo dei Congressi, Roma • «Il sogno italiano», Castello Colonna, Genazzano • «Italiana 1950–1986», Madrid, Zaragoza, Valencia • Cinque opere recenti», Galleria Bonomo, Bari **1987** «Group show», Annina Nosei Gallery, New York • «4 scultori», Galleria l'Attico, Roma • «Disegnata», Loggetta Lombardesca, Ravenna • «Collettiva», Galleria Alessandra Bonomo, Roma • «Entre Centre et Absence», Galleria Martano, Toriyno – Galleria Mazzocchi, Parma • «Argomenti per la scultura», Studio Ghiglione, Genova • L'Attico 1957–1987», Chiesa di S. Nicolò, Spoleto • «Per amore del cielo», Galleria d'Arte Moderna «Empedocle Restivo», Palermo • «Senza titolo», Galerie Folker Skulima, Berlino • «L'agave sullo scoglio», Procida • «Opere italiane», Galerie Triebold, Basilea • «Arte 18», Fiera di Basilea • «Italienische Zeichnungen 1945–1987» – «Disegno Italiano del dopoguerra», Frankfurter Kunstverein, Francoforte – Galleria Civica, Moderna • «Voluti inganni», Studio G7, Bologna • «Nunzio-Pizzi Cannella», Valeria Belvedere, Milano • «Fragments», Annina Nosei Gallery, New York **1988** «Un sogno fatto a Roma», Galleria Ex Libris, Roma • «Sculptures chambre», Centre d'Art Contemporain, Genève • «Modi della Scultura», Galleria Banchi Nuovi, Roma • «Le Scuole Romane», Galleria d'Arte Moderna e Contemporanea, Palazzo Forti, Verona • «Dannunziana», Università Gabriele D'Annunzio, Pescara • «Geometrie Dionisiache», Rotonda della Besana, Milano • «L'Attico», Roma • «Ubi Minor Ibi Maior», Arco di Rab, Roma • «Roma Arte oggi», Break Club, Roma • «Disegno Contemporaneo», Galleria Civica, Modena • «Lo sguardo ruvido della pittura», Galleria Cinquetti, Verona **1990** «A.B.O.», Galleria Cleto Polcina-Paolo Sprovieri, Roma • «Materialmente», Galleria Comunale d'Arte Moderna, Bologna • «Prospect 89», Frankfurter Kunstverein Schirn Kunsthalle, Francoforte • «Il Boscaiolo Magico e la Civetta», Galleria Monti, Roma • «Nunzio», Galleria di Meo, Parigi • «Ceccobelli, Mercati, Nunzio, Pizzi Cannella, Tirelli», Galleria Margiacchi, Arezzo • «Premio Michetti 89», Francavilla al Mare, Pescara • «Senza titolo», Studio Durante, Spoleto – Roma • «Pensieri Spaziali 1989», Torre martiniana, Cagli • «Cerere», Galleria Altair, Torino • «Se una sera d'autunno un artista volesse inventare un oggetto da regalare ...», Galleria dell'Oca, Roma • «Su carta», Galleria Roberto Monti, Modena • «Los Nuevos Romanos», Compostela, Madrid • «Presenze tra presupposti e tendenze», Premio città di Avezzano, XXV edizione, Annina Nosei Gallery New York • Galleria «121», Antwerpen • «Boero-Nunzio», Studio G7, Bologna • «Roma 1947–1989», Mosca – Leningrado • «Arte a Roma», Galleria Rondanini, Roma • «Diptych: Aspects of abstract and figurative art in Italy», Museo d'Arte Contemporanea, Helsinki • Galleria d'Arte Moderna, Istanbul • Museo d'Arte Contemporanea, Tel Aviv • Museo d'Arte Moderna, Ankara **1990** Galleria Arts Yahia, Tunisi • Galleria Bonomo, Roma • «L'altra scultura», Palazzo della Verreina, Barcelona, Mathildenhöhe, Darmstadt • Palazzo di cristallo, Madrid • «Italian Contemporary Art», Museum of Art, Taiwan • «Oscuramente», Studio d'Arte Raffaelli, Trento • 35° Salone di Montrouge, Montrouge • «Dedalus», Casa Serodine, Ascona • «Prigioni d'invenzione», ex-carcere del S. Uffizio, Spoleto • «Nunzio, Pizzi Cannella», Galeria Fluxus, Porto • «Nunzio, Pizzi Cannella, Ragalzi, Salina, Mathildenhöhe, Darmstadt **1991** «Entretien», Royal Canadian Academy of Art, Toronto • «Intersezioni, Arte Italiana negli anni '70–'80», Galleria Mücsarnok, Budapest • «60–90, Trent'anni di avanguardie romane», Palazzo dei Congressi Roma • Now in Italy», Kodama Gallery, Osaka • «Incrocio/Incontro», Palazzo di Uico • «Brandspuren», Museum, Folkwang Essen • «Ottanta/Novanta», Monreale, Palermo • «Roma Interna» – Museum moderner Kunst Stiftung Ludwig, Vienna • «Amor Roma» – Galerie Hilger, Vienna **BIBLIOGRAFIA:**
G. Drudi: «Nunzio Di Stefano: Scultura», Spatia books 3, Bolzano, **1981** • S. Lux: «Lapsus», catalogo mostra, Galleria La Salita, Roma, gennaio **1984** • G. Briganti: «Nunzio», catalogo mostra, Galleria L'Attico, Roma, gennaio 1984 • M. De Candia: «Lo spazio non materiale delle sculture di Nunzio», La Repubblica, 20 giugno 1984 • F. Miracco: «L'Attico di Fabio Sargentini», Il Manifesto, 27 gennaio 1984 • J. O'Brien: «Artistic investigation at Roman galleries», Daily American, 29 gennaio 1984 • E. Bilardello: «Il simbolismo di Nunzio», Corriere della Sera, 30 gennaio 1984 • E. Schloss: «Nunzio, Ceccobelli, Klee», Herald Tribune, 3 febbraio 1984 • F. Menna: «Nunzio all'Attico», Paese Sera, 10 marzo 1984 • P. Balmas: «Nunzio», Flash Art, maggio 1984 • A. Bonito Oliva, P. Bucarelli, F. Menna, V. Rubiu, R. Lambarelli: «Extemporanea», catalogo mostra, Galleria L'Attico, Roma, 1984 • L. Mango: «All'Attico tre giorni di Extemporanea», Paese Sera, 24 maggio 1984 • I. Panicelli: «Nunzio», Artforum, giugno 1984 • E. Bilardello: «Una grande tela in tre giorni», Corriere della Sera, 4 giugno 1984 • P. Balmas: «Miracolo a San Lorenzo», Segno, n. 34, giugno 1984 • L. Mango: «L'arte è diventata inquilina», Paese Sera, 20 giugno 1984 • A. Bonito Oliva: «Laboratorio creativo di sette artisti», Avanti!, 24 giugno 1984 •

L. Cherubini: «Pittura d'oggi a San Lorenzo», Avanti!, 24 giugno 1984 • E. Cocuccioni: «Lavori in corso all'ex fabbrica Cerere», Flash Art, giugno 1984 • L. Trucchi: «Ateliers: quella comune di via degli Ausoni», Il Giornale, 3 luglio 1984 • V. Apuleio: «Ateliers», Il Messaggero, 7 luglio 1984 • F. Menna, «Tridimensionale», catalogo mostra, Galleria civica d'Arte Contemporanea, Termoli • P. Balmas: «La sculpture italienne aujourd'hui», Artistes, n. 22–23, ottobre 1984 • R. Lambarelli: «Forum», catalogo mostra a cura Galleria L'Attico, Zurigo, febbraio 1984 • A. Bonito Oliva: «Capodopera», catalogo mostra, Fiesole, novembre 1984 • G. Raboni: «Artisti e scrittori», catalogo mostra, Rotonda della Besana, Milano, 1984 • M. Calvesi: «La mostra bianca», catalogo mostra, Galleria L'Attico, Roma, novembre 1984 • F. Menna: «L'Italie Aujord'hui», catalogo mostra, Centre Nationale d'Art Contemporain, Nizza, giugno **1985** • R. Lambarelli: «La pittura mutata», Flash Art, estate 1985 • A. Bonito Oliva: «Nuove trame dell'arte», catalogo mostra, Castello Colonna, Genazzano, estate 1985 • A. Bonito Oliva: «Nunzio», presentazione in catalogo, «Nouvelle Biennale de Paris», Parigi 1985 • R. Barilli: «Anniottanta», catalogo mostra, Galleria Civica d'Arte Moderna, Bologna, estate 1985 • M. Calvesi: «La nuova scuola romana» catalogo mostra, Galerie Bleich-Rossi, Graz, settembre 1985 • L. Cherubini: «Nunzio», catalogo mostra, Premio del Golfo 1985, Lerici, settembre 1985 • M. Calvesi: «Der fünfzackige Bildhauerstern», catalogo mostra, Trigon '85, ottobre 1985 • F. Caroli: «Giovani pittori italiani», catalogo mostra, Museum de Arte, Sào Paulo, novembre 1985 • M. Calvesi: «Arte in cornice», catalogo mostra, L'Attico, Roma, novembre 1985 • L. Cherubini: «Scultura picta», Il Mattino, 8 aprile **1986**, R. Bailli, F. Caroli: «Aspekte der Italienischen Kunst», catalogo mostra, Frankfurter Kunstverein, Francoforte, gennaio 1986 • A. Bonito Oliva: «Nunzio», catalogo mostra, Galleria L'Attico, Roma, febbraio 1986 • G. Briganti: «E. Nunzio prese la scure», La Repubblica, 15 marzo 1986 • C. V.: «Nunzio», Arte, marzo, 1986 • V. Apuleo: «L'emozione di Nunzio è un progetto dolce», Il Messagero, 1 aprile 1986 • A. Monferini: «Painting revisited in the eighties», catalogo mostra, Sesta Biennale di Sidney, maggio-luglio 1986 • V. Magrelli, «Nunzio», Juliet art magazine, giugno-settembre 1986 • R. Barilli: «All'aperto c'è aria di chiuso», L'Espresso, 27 luglio 1986 • F. Caroli: «Post-astrazione», catalogo mostra, Rotonda della Besana, Milano, settembre 1986 • C. Piccioni: «La scultura parlata», intervista all'artista, Paese Sera, 15 settembre 1986 • G. Mori: «Nunzio», intervista all'artista, Flash Art, gennaio **1987** • A. Bonito Oliva: «Pre-geometrical sculpture», catalogo mostra, Annina Nosei Gallery, New York, gennaio 1987 • M. Calvesi: «4 scultori», catalogo mostra, Galleria L'Attico, Roma, gennaio 1987 • C. Piccioni: «4 scultori all'Attico», Paese Sera, 9 febbraio 1987 • F. D'Amico: «Quattro in cordata», La Repubblica, 20 febbraio 1987 • M. Dini: «Ho un diavolo per scalpello», Panorama, 1 marzo 1987 • C. Pozzati, S. Evangelisti: «Disegnata», catalogo mostra, Loggetta Lombardesca, Ravenna, marzo 1987 • I. Panicelli: «4 scultori», Artforum, maggio 1987 • F. Gualdoni: «Entre Centre et Absence», catalogo mostra, Galleria Martano, Torino • Galleria Mazzocchi, Parma, marzo–maggio 1987 • F. Menna: «Argomenti per la scultura», catalogo mostra, Studio Ghiglione, Genova, aprile 1987 • A. Bonito Oliva, B. Tomic: «Nunzio», catalogo mostra, Galerija Stubdenstkog-kulturnogcentra, Belgrado, Galerija Forum, Niksic, maggio 1987 • L. Vergine: «Foto di gruppo con scultori», Alfabeta 98/99, luglio-agosto 1987 • M. Apa: «Nunzio, Arte Pura», catalogo mostra, Camerano, luglio 1987 • A. Bonito Oliva: «Opere italiane», catalogo mostra, Galerie Triebold, Basilea, giugno 1987 • V. Rubiu: «Nunzio», catalogo mostra, «L'agave sullo scoglio», Procida, giugno 1987 • F. Alfano Miglietti: «Per amore del cielo», catalogo mostra, Galleria d'Arte Moderna, Palermo, giugno–luglio 1987 • A. C. Quintavalle: «Trent'anni dell'Attico», Panoram, 2 agosto 1987 • R. Barilli: «Il grande freddo», L'Espresso, 30 agosto 1987 • P. G. Castagnoli, F. Gualdoni: «Italienische Zeichnungen 1945–1987», catalogo mostra, Frankfurter Kunstverein, Francoforte, giugno-luglio 1987, (ed. it.: «Disegno italiano del dopoguerra», Galleria Civica, Modena, settembre-dicembre 1987) • W. Guadagnini, P. Jori: «Voluti inganni», catalogo mostra, Studio G7, Bologna, settembre-ottobre 1987 • G. Drudi: «Nunzio, l'isola della scultura», catalogo mostra, Galleria Civica Modena • F. D'Amico: «L'oro trionfa», La Repubblica, 22 novembre 1987, catalogo mostra, dicembre 1987 • G. Dorfles: «Quando dal fuoco emerge la vita», Corriere della Sera, 3 gennaio **1988** • A. C. Quintavalle: «Piombo meglio dell'oro», Panorama, 10 gennaio 1988 • R. D'Aolio: «Nunzio», Flash Art, n. 142, gennaio–febbraio 1988 • L. Mango: «Il costruttivista che graffia il legno», Paese Sera, 9 aprile 1988 • M. Carboni: «Nunzio: è armonia la dissonanza», La Repubblica, sabato 16 aprile 1988 • V. Apuleo: «Erotismo materia e spirito», Messaggero, 18 aprile 1988 • F. D'Amico: «Nunzio in Vetta», La Repubblica, 23 aprile 1988 • G. Giordano: «Le mani colore del piombo», Giornale di Sicilia, 10 maggio 1988 • C. C. Bakargiev: «Inquietanti simulazioni giovanili», Sole 24 ore, 29 maggio 1988 • R. Barilli: «Il calore del freddo», L'Espresso, 12 giugno 1988 • H. Gauville: «Bon an, mal an, Milan», Liberation, 21 giugno 1988 • C. Casorati: «Dannunziana», catalogo mostra, Università G. D'Annunzio, Pescara, agosto 1988 • F. Menna, L. Mango: «Modi della scultura», catalogo mostra, Galleria Banchi Nuovi, Roma, 1988 • D. Eccher: «Lo sguardo ruvido della pittura»,

catalogo mostra, Galleria Cinquetti, Verona, dicembre–gennaio **1989** · R. Nicolini: «A.B.O. Ritratti di un uomo», catalogo mostra, Galleria Polcina-Sprovieri, febbraio 1989 · N. Sinisi: «MaterialMente», catalogo mostra, Galleria d'Arte Moderna, Bologna, marzo 1989 · P. Weiermair: «Prospect 89», catalogo mostra, Francoforte, maggio 1989 · H. F. Debailleux: «Nunzio», catalogo mostra, Galleria di Meo, Parigi, giugno 1989 · R. Lambarelli: «L'esperienza dello spazio: Nunzio», Tema celeste, aprile-giugno 1989 · Caramel-Orienti: «Premio Michetti '89», catalogo mostra, Francavilla al Mare, agosto 1989 · G. Pirazzini: «Segno e materia», Il Resto del Carlino, 23 settembre 1989 · G. Drudi: «Senza titolo», catalogo mostra, Studio Durante, Spoleto – Roma, giugno–ottobre 1989 · D. Bellotti: «Renata e Nunzio, voci fra colore e materia», Il Resto del Carlino, 14 ottobre 1989 · A. Antolini: «Quando l'unione fa la forza», Il Giornale, 22 ottobre 1989 · L. Laurenti: «Se una sera d'autunno un artista volesse inventare un oggetto da regalare ...», catalogo mostra, Galleria dell'Oca, Roma, novembre 1989 · L. Saccà: «Su carta», catalogo mostra, Galleria Roberto Monti, Modena, 25 Novembre 1989 · A. Dragone: «Grandi formati da Roma», La Stampa, 13 dicembre 1989 · S. Sprocacci: «Nunzio e Renata Boero», Tema Celeste, gennaio–marzo **1990** · A. M. Corbi: «Caldarelli, Nunzio, Twombly», Proposte, marzo 1990 · L. Reghini di Pontremoli: «Prigione d'invenzione», catalogo mostra, Spoleto, giugno–luglio 1990 · P. G. Castagnoli: «Entretien», catalogo mostra, Centre Albert Borchette, Bruxelles settembre–dicembre 1990 · A. Castro, J. Pinharanda: «Imagem duplicada», catalogo mostra, Galleria Fluxus, Porto, dicembre 1990 · L. Vergine: «Nunzio», catalogo mostra, Mathildenhöhe, dicembre 1990 · M. Quesada: «I segreti della materia», L'Espresso, 24 febbraio **1991** · E. Sotiropoulos: «Confini», catalogo mostra, Galleria dell'Oca, Roma, febbraio 1991 · A. M. Corbi; «Nunzio», Proposte, marzo 1991 · F. D'Amico: «Linee d'ombra e di luce», La Repubblica, 28 marzo 1991 · D. Lancioni: «Nunzio», Opening, marzo–aprile 1991 · P. G. Castagnoli: «Intersezioni, Arte Italiana negli anni '70–'80», catalogo mostra, Palazzo delle Esposizioni, Budapest, marzo–aprile 1991

PIERO PIZZI CANNELLA

Geboren in Rom 1955 – lebt und arbeitet in Rom · nato a Roma nel 1955 – vive e lavore a Roma.

MOSTRE PERSONALI: 1978 Galleria La Stanza, Roma **1984** «Capodopera», Fiesole · Galleria L'Attico, Roma **1985** Annina Nosei Gallery, New York · Galleria Folker Skulima, Berlino **1986** Galleria L'Attico, Roma · Annina Nosei Gallery, New York · Galleria Triebold, Basilea **1987** Galleria Folker Skulima, Berlino · Studio d'Arte Cannaviello, Milano **1988** Galleria L'Attico, Roma · Studio Durante, Roma **1989** Runkel-Hue-Williams Gallery, Londra · Galleria La nuova città, Brescia · Galleria Folker Skulima, Berlino · Moderna Galerija, Mala Galerija – Ljubljana · Obalne Galerija, Piran · Galerija Loza, Koper · Galerija Studentskog, Kutturnog, Belgrado **1990** Studio d'Arte Cannaviello, Milano · Galleria Bernard Vidal, Parigi · Galleria Triebold, Basilea **1991** Galleria L'Attico, Roma · Galleria A. Bagnai, Siena · Museo Civico di Gibellina **MOSTRE COLLETTIVE: 1980** Galleria La Tartaruga, Roma **1984** «Extemporanea» Galleria l'Attico, Roma · «Ateliers», Roma · «Forum», Zurigo · «La mostra bianca», Galleria L'Attico, Roma · «Nunzio, Pizzi Cannella, Tirelli», Galleria Stevens, Padova · «Il moderno come stile», Galleria A.M.M./COOP, Roma **1985** «Nouvelle Biennale de Paris», Parigi · «Four Italian Artist», Northern Illinois University Art Gallery, Chicago · «L'Italie Aujourd'hui», Centre National d'Art Contemporain, Nizza · «Nuove trame dell'arte», Castello Colonna, Genazzano · «New still-life», Holly Solomon Gallery, New York · «Anniottanta» Galleria d'Arte Moderna, Bologna · «Mystik und Imagination», Galerie Folker Skulima, Berlino · «Giovanni pittori italiani», Museu de Arte de São Paulo, São Paulo del Brasile · «The Doors», Annina Nosei Gallery, New York · «La nuova scuola romana», Galerie Bleich-Rossi, Graz · «18° Biennale de São Paulo», São Paulo del Brasile · «Drawing the line painting», Annina Nosei Gallery, New York · «Arte in cornice», Galleria L'Attico, Roma **1986** «1960–1985 Aspekte der Italienischen Kunst», Kunstverein, Frankfurt; Haus am Waldsee, Berlino; Kunstverein Hannover, Hannover; Bregenz Kunstverein Künstlerhaus, Palais Thurn und Taxis, Bregenz; Hochschule für angewandte Kunst, Vienna · «Forum», Zurigo · «Post-astrazione», Rotonda della Besana, Milano · «Sixth Biennale of Sidney», Sidney · «IX Quadriennale Nazionale d'Arte in Roma», Roma · «Il Sogno italiano», Palazzo Colonna, Genazzano · «Prospect '86»,

Frankfurter Kunstverein, Schirn Kunsthalle, Francoforte • «Acquisizioni '86», PAC, Milano • «Italiana 1950–1986», Zaragoza, Valencia, Madrid **1987** «Chef d'heure», Libreria Adria, Roma • «Opere italiane», Galerie Triebold, Basilea • «Senza titolo», Galerie Folker Skulima, Berlino • «L'Attico», Chiesa di S. Nicolò, Spoleto • «Arte pura», Chiesa di S. Francesco, Camerano • «La natura morta», Castello di Mesola, Mesola • «3rd. International Biennal Print Exhibit», Taipei Taiwan • «Roma, punto 1», Galleria Maria Coccia, La Nuova Pesa, Roma • «Nunzio-Pizzi Cannella», Galleria Belvedere, Milano **1988** «Un sogno fatto a Roma», Galleria Ex Libris, Roma • «Dal ritorno all'ordine al richiamo della pittura, 1920–1987», Kunstnernesttus, Oslo Ateneumin, Taidemuseo, Helsinki • «Le scuole romane», Galleria d'Arte moderna e contemporanea», Verona • «Ceccobelli - Pizzi Cannella» Mario Diacono Gallery, Boston • «Galleria L'Attico», Roma • «Ubi minor ibi maior» Arco di Rab, Roma • «Roma, Arte oggi», Break Club, Roma • «Disegno contemporaneo», Galleria Civica, Modena • «XLIII Biennale di Venezia», Venezia • «De Kunstkamer», Dewer Art Gallery, Otegem, Belgium • «Contaminazione», Galleria Civica d'Arte Contemporanea, Termoli • «A.B.O., ritratto di un nome», Fortezza da Basso, Firenze Galleria Cleto Polcina, Roma • «Pizzi Cannella-Ceccobelli», Galleria Planita, Roma • «Crinali» Padiglione d'Arte contemporanea, Ferrara • «Trait D'Union», Accademia di Francia, Villa Medici, Roma **1989** «Life, Death, Eternity», AFR, Fine Art, Washington • «Fogli d'immagine», Galleria Karas, Zagabria; Galleria d'Arte contemporanea, Ljubljana; Istituto Italiano di Cultura, Belgrado • «Drawings», Galleria La Nuova Città, Brescia • «Senza titolo», Studio Durante, Spoleto • «Arte a Roma 1980–89», Palazzo Rondanini, Roma • «Ateliers, Roma – Compostela», Museo de Pobo Galego, Santiago de Compostela • «Ateliers Roma – Compostela» Circulo de Bellas Artes, Madrid • «Orientamenti dell'Arte Italiana, Roma (1947–1989)», Casa Centrale dell'Artista, Mosca; Sala Centrale dell' Esposizione, Leningrado • «Senza titolo», Studio Durante, Roma • «1979/1989 American, Italian, Mexican Art» from collection of Francesco Pellizzi, Hofstra Museum, Hofstra University Hempstead New York Lehigh University, Art Galleries Bethlehem Pensylvania • «Encontro Europeo de Arte», Guimaraes, Portugal • «Cerere, Spazi d'artista, Galleria Altair, Torino • «Se una sera d'autunno un artista volesse inventare un oggetto da regalare ...», Galleria dell'Oca, Roma • «Nunzio-Pizzi Cannella-Tirelli», 121 Art Gallery, Anversa, Belgio • «Saluti Romani», Galleria Fuxia, Verona, Galleria Graffiti Now, Verona; Galleria Marsilio Margiacchi, Arezzo • «Aspetti dell'astrazione e della figurazione in Italia Anni 80: Dittico», Museo Arte Contemporanea, Helsinki; Kaupungin Taide Museo; Istambul, Biennale Internazionale d'Arte; Ankara Museo d'Arte Moderna; Tel Aviv, Museo Beer Sheva • «Accrochage», Galleria Triebold, Basilea **1990** «Presenze tra presupposti e tendenze nell'Attualità» Museo del Municipio della pinacoteca communale, Avezzano; D. Sharpe Gallery, New York; Gallerie Saqqarah, Gstaad • «Musica da camera, 33 mosaici di piccolo formato», Pinacoteca Communale, Ravenna • «Oscuramente», Studio d'Arte Raffaelli, Trento • «Dedalus», Ascona • «35° Salon de Montrouge», Montrouge, France • «Ouvres sur papier», Galleria B. Vidal, Parigi • «Nunzio-Pizzi Cannella» Galleria Fluxus, Porto • «Nunzio-Pizzi Cannella-Ragalzi-Salina», Mathildenhöhe, Darmstadt **1991** «60–90, Trent'anni di avanguardie romane», Palazzo dei Congressi, Roma • «Now in Italy», Kodoma Gallery, Osaka, Japan • «Roma Interna» – Museum moderner Kunst Stiftung Ludwig, Vienna • «Amor Roma», Galerie Hilger, Vienna

BIBLIOGRAFIA: Paolo Boccacci, «Pizzi Cannella»: Paese Sera 25 maggio **1978** • Achille Bonito Oliva: Corriere della Sera 7 marzo **1980** • Goffredo Parise: Corriere della Sera 13 marzo 1980 • Dario Micacchi: l'unità 20 marzo 1980 • Roberto Vidali: Il Piccolo 21 aprile 1980 • Marcello Venturoli: Quest'arte maggio 1980 • Maurizio Calvesi «Sei Pittori» catalogo, Galleria La Tartaruga • Paolo Balmas «Gli anacronismi dell'arte» Flash Art, aprile **1983** • Achille Bonito Oliva: Catalogo, Galleria L'Attico, marzo 1983 • Viani Conti: «Le piccole storie da camera», Il Buongiorno, aprile 1983 • Barbara Tosi: «Pizzi Cannella», Flash Art. Giugno **1984** • Enrico Cocuccioni: «Lavori in corso nell'ex fabbrica Cerere, Flash Art., giugno 1984 • Achille Bonito Oliva, Palma Bucarelli, Filiberto Menna, Vittorio Rubiu, Roberto Lambarelli: «Extemporanea» catalogo, Galleria L'Attico, maggio 1984 • Antonio Debenedetti: Corriere della Sera 16 maggio 1984 • Lorenzo Mango: Paese Sera 24 aprile 1984 • Enzo Bilardello: Corriere della Sera 24 maggio 1984 • Roberto Lambarelli: «Arte e Artisti a Roma», Juliet, ottobre 1984 • Achille Bonito Oliva: «Ateliers», catalogo giugno 1984 • Lorenza Trucchi: Il Giornale 3 luglio 1984 • Achille Bonito Oliva: «Capodopera», novembre 1984 • Roberto Lambarelli: «Forum», catalogo novembre 1984 • Maurizio Calvesi: «La mostra bianca», catalogo dicembre 1984 • Luigi Meneghelli: Flash Art gennaio **1985** • Michael Brenson: The New York Times, 15 febbraio 1985 • Roberto Lambarelli: «Caput Mundi», Mosaico giugno 1985 • Achille Bonito Oliva: Catalogo Biennale di Parigi • Reagan Upshaw: «Pizzi Cannella», Art in America maggio 1985 • Roberto Vidali: Juliet aprile-maggio 1985 • Valeria Quaglia: «Il bosco delle noci», maggio 1985 • Maurizio Calvesi: «Italia Oggi», catalogo giugno 1985 • Achille Bonito Oliva: «Italia oggi», catalogo giugno 1985 • Vivien Raynor: «The Door show», Art in America giugno 1985 •

Achille Bonito Oliva: «Nuove trame dell'Arte», catalogo estate 85 · Roberto Lambarelli: «La pittura mutata», Flash Art estate 85 · Antonio D'Avossa: «Le trame del castello», Flash Art estate 85 · Achille Bonito Oliva: «Minori maniere», Feltrinelli 1985 · Renato Barilli: «Anniottanta» catalogo estate 85 · G. Di Pietrantonio: «Anniottanta», catalogo estate 85 · Claudio Verna: «Giovani artisti oggi» Arte, novembre 85 · Cokie Mueller: «Art and about», novembre 1985 · Maurizio Calvesi: «La nuova scuola romana», catalogo 85 · Flavio Caroli: «Museu de arte de Sào Paulo», catalogo 1985 · Pier Luigi Tazzi: «Italienische Kunst», Wolkenkratzer Kunst, genn. **1986** · Enzo Siciliano: «Fondo nero di Pizzi Cannella» cat. genn. 1986 · Laura Cherubini: Flash Art maggio 1986 · Achille Bonito Oliva: catalogo mostra personale · Annina Nosei New York, aprile 1986 · Addison Parks: Arts magazine, estate 1986 · Renato Barilli: «Italienische Kunst», catalogo estate 1986 · Flavio Caroli: «Post-astrazione», catalogo estate 1986 · Alberico Sala: Corriere della Sera, 15 marzo 86 · Roberto Lambarelli: «Il risveglio di Roma», Il Giornale dell'Arte, 3-1986 · Valentina Moncada: «Forum», catalogo giugno 1986 · Augusta Monferini: «VI Biennale di Sidney», catalogo giugno 1986 · Peter Weiermair: «Prospect 86», catalogo ottobre 1986 · Ida Panicelli: Repubblica 13 febbraio **1987** · Barbara Tosi: «Segno e immagine», catalogo Italiana 1950–1986 · Antonio Debenedetti: «Pizzi Cannella», Corriere della Sera 19-3-1987 · Achille Bonito Oliva: «Antipatia», Feltrinelli 1987 · Renato Barilli, Alberto Boatto, Achille Bonito Oliva, Maurizio Calvesi, Filiberto Menna, Vittorio Rubiu, Luciano Giaccari · Roberto Lambarelli «L'Attico», catalogo 1987 · Achille Bonito Oliva: «Progetto dolce» Nuova Prearo Italiana 1987 · Arturo Carlo Quintavalle: Panorama 2 agosto 87 · Mariano Apa: «Pizzi Cannella», Arte Pura catalogo 1987 · Anselma Dell'Olio: «W» settembre 1987 · Vittorio Sgarbi: «La natura morta», catalogo 1987 · Giorgio Verzotti: «From Rome», Flash Art International, ottobre 1987 · Christoph Schenker: «Opere Italiane», Flash Art International, ott. '87 · Carolyn Christov Bakargiev: Flash Art, novembre 1987 · Arturo Carlo Quintavalle: «Pizzi Cannella», Panorama 29 nov. 1987 · Gillo Dorfles: «Nunzio, Pizzi Cannella», Corriere della Sera, genn. **1988** · Maurizio Calvesi, Maurizio Guercini, Patrizia Ferri: «Un sogno fatto a Roma» Catalogo · Martina Corgnati, Flash Art, gennaio-febbraio 1988 · Pierluigi Tazzi: Artforum, gennaio 1988 · Paolo Balmas: Paese Sera, 15 marzo 1988 · Chico Gallian: L'Unità, 19 marzo 1988 · Vito Apuleo: Messaggero, 24 marzo 1988 · Achille Bonito Oliva: «Il tallone di Achille», Feltrinelli 1988 · Ludovico Pratesi: «Gli amori di Pizzi», Repubblica 9 aprile 1988 · Bruno Mantura: «Dal ritorno all'ordine ...», catalogo · Maurizio Calvesi: «Le scuole romane», catalogo Robert Lambarelli: «Le scuole romane», catalogo · Mario Diacono: «L'archeologia del desiderio», Maggio 1988 · Paolo Balmas: «Roma, Arte oggi», G. Politi Editore · Maurizio Guercini: «Roma, Arte oggi», G. Politi Editore · Mario de Candia: «Un libro», catalogo · Valeria Quaglia: New York, maggio-giugno 1988 · Giovanni Carandente: XLIII Biennale di Venezia, catalogo · Massimo Carboni: Arte Argomenti, estate 1988 · Francesco Gallo: «Contaminazione», catalogo · Clelia Capua: «Contaminazione», catalogo · Achille Bonito Oliva: «Crinali», catalogi · Cinzia Piccioni: «Conversazione con Pizzi Cannella», Arte Argomenti, Dicembre 1988 · Valentina Moncada, catalogo Runkel-Hue-Williams LTD, Londra, febbraio **1989** · Arm. G. Shaker, «Life, Death, Eternity», catalogo, Washington 1989 · Gabriella Drudi, «Senza Titolo», catalogo, Spoleto 1989 · Ludovico Pratesi, «Arte a Roma 1980–89», Roma 89 · Achille Bonito Oliva, «Ateliers Roma – Compostela», Santiago di Compostela, 1989 · Simonetta Lux, «Ornamenti dell'Arte Italiana, Roma (1947–1989)», Leningrado 1989 · Sarah Kent, «Pizzi Cannella», Time Out, 15. 22 mars 89 · Pamela Gettinger, «1979/89 American, Italian, Mexican Art», catalogo · Lilijana Stepancic, «Pizzi Cannella», Mala Galerija Ljubljana, catalogo · Alessandra Gulotta «Pizzi Cannella», Next novembre 89 · Biljana Tomic «Pizzi Cannella», Catalogo, Belgrado · Angelo Dragone, «Grandi formati da Roma», La Stampa, 13 dicembre 1989 · Mariano Apa, «Presenze tra presupposti e tendenze nell'Attualità», catalogo · Demostenes Davvetas, «Catalogo Milano, Parigi **1990** · Flavio Bellocchio, «Pizzi Cannella», Flash Art International, April/Maggio 1990 · Gabriella Drudi, «La spazialità fluente», Tema Celeste, Gennaio/Marzo 1990 · Philippe Piguet, Le quotidien de Paris, 12 Aprile 1990 · Pierre Gervasoni, Art Press, Maggio 1990 · H. F. Debaileux, Liberation, 22 marzo 1990 · Luigi Meneghello, «Oscuramente», catalogo · Nicole Ginoux, «35° Salon de Montrouge», catalogo · Achille Bonito Oliva «35° Salon de Montrouge», catalogo · Martina Corgnati, «Musica da camera», catalogo · Anton Castro, Joao Pinharanda «Nunzio-Pizzi Cannella», catalogo · Gillo Dorfles, Klaus Wobert-Darmstadt, catalogo · Achille Bonito Oliva «L'arte moderna», Sansoni editrice · Arnaldo Romani Brizzi, Laura Cherubini, «60–90 trent'anni di avanguardie romane», catalogo Roma 91 · Alberto Boatto, catalogo Roma **1991** · Fabrizio D'Amico, «La Repubblica», 28 marzo 1991 · Vito Apuleo, «Messaggero», 29 marzo 1991 · Enrico Gallian, «L'Unità», 8 aprile 1991 · Robert Lambarelli, catalogo Siena · A. Bonito Oliva, catalogo Gibellina

Marco Tirelli

Geboren in Rom 1956 – lebt und arbeitet in Rom · nato a Roma nel 1956 – vive e lavora a Roma.

MOSTRE PERSONALI: 1978 Galleria De Ambrogi, Milano **1979** Galleria Bernier, Atene **1980** Galleria De Crescenzo, Roma **1982** Galleria Nicole Gonet, Losanna **1984** Galleria Fabio Sargentini, Roma · Galleria AAM, Roma **1985** Galleria Annina Nosei, New York **1987** Galleria Planita, Roma **1989** Galleria L'Attico, Roma · Galleria Dorrie Priess, Hamburg · Galleria Skulima, Berlino **1990** Biennale di Venezia, Venezia · Galleria Civica, Modena · Galleria Triebold, Basilea · Galleria Chellar, Nagoya, Japan · Galleria Bagnai, Siena

MOSTRE COLLETTIVE: 1979 «Italiana Nuova Immagine», Ravenna **1980** «Genius Loci», Acireale, Ferrara, Malo · «La memoria, l'inconscio», Pistoia · Loyse Oppenheim», Ginevra **1981** «Conseguenze impreviste», Prato · Forma senza forma, Ferrara, Pisa **1982** «Biennale di Venezia», Venezia **1983** «Biennale Trigon», Graz · «Nicole Gonet», Losanna **1984** «Extemporanea», L'Attico, Roma · «Ateliers», Roma · «Forum», Zurigo · «La pittura probabilmente», S. Miniato · «Artisti e scrittori», Rotonda della Besana, Milano · Annina Nosei Gallery, New York · «Nunzio, Pizzi Cannella, Tirelli», Galleria Stevens, Padova · «La mostra bianca», l'Attico, Roma **1985** «Italia oggi», Centre National d'Art Contemporain, Nizza · «Four Italian Artists», Northern Illinois University Art Gallery, Chicago · «Anniottanta», Bologna · «Postrazione», Rotonda della Besana, Milano · «Giovani pittori italiani», San Paolo del Brasile · «La nuova scuola romana», Galerie Bleich Rossi, Graz · «Nuove trame dell'arte», Castello Colonna, Genazzano · «Arte in Cornice», Galleria l'Attico, Roma · «Aria», San Miniato **1986** «Il sogno italiano», (La collezione Franchetti), Genazzano · «Italiana 1950–1986», Zaragoza, Valencia · «Nuove Acquisizioni», P.A.C., Milano · «Le mie città», Roma · Annina Nosei Gallery, New York · «XI Quadriennale di Roma», Roma **1987** «Chef d'heure», Galleria Adria, Roma · «I luoghi dell'Atopia», Galleria d'arte moderna, Parma · «Neue italienische Malerei», Städtische Galerie, Quakenbruck, Germany · «Senza titolo», Skulima Gallery, Berlino · «L'Attico, 20 anni di una galleria», Festival dei due Mondi di Spoleto · «L'Arte pura», Comune di Camerano, Ancora · «Le nature morte», Castello di Mesola, Torino · «Roma in cornice», Museo complesso monumentale S. Michele, Roma · «Anteprima», Galleria l'Attico, Roma · «Il Colosseo, la terra, il cielo: la metafisica a Roma», Gallerie AAM, Roma · «Disegno Italiano del Dopoguerra», Galleria Civica, Modena **1988** «Dal ritorno all'ordine al richiamo della pittura – 1920–1987», Kunstenesttus, Oslo, Ateneumiin, Faidemusee, Helsinki, Mathildenhöhe, Darmstadt, Bielefeld Kunsthalle · «Biennale di grafica», Heidelberg, Germany · «Galleria l'Attico», Roma · «Galleristi a Palazzo», Centro di cultura Ausoni, Roma · «Roma arte oggi», Break Club, Roma · «Contaminazione», Galleria Civica d'Arte contemporanea, Termoli · «Figurabile», Studio Ghiglione, Genova · «Crinali», Palazzo Massari, Ferrara · «Acquisizioni», Galleria Communale d'Arte moderna, Bologna · «Fogli di immagine», XX Salone dei giovani, Galleria Karas, Zagrebia **1989** «Fogli di immagine», Centro per la Cultura, Fiume; Galleria d'Arte Contemporanea, Lubiana; Istituto Italiano di cultura, Belgrado; Centro dei Giovanni, Fiume; Galleria Forum, Niksic · «Roma Punto 1», Galleria Mara Coccia, Roma · Studio Marconi, Milano · Galleria Nicola Verlato, Bologna · «Diptych: Aspects of Abstract and Figurative Art in Italy – the Eighties», Museo d'Arte contemporanea, Helsinki; Galleria d'Arte moderna, Istambul; Museo d'Arte contemporanea, Tel Aviv · «Orientamenti dell'arte italiana – Roma 1947–1989», Mosca, Leningrado · «Senza titolo», Spoleto; Galleria Durante, Roma · «Nuove Acquisizioni», Galleria Comunale d'Arte moderna, Spoleto · «Arte a Roma», Galleria Rondanini, Roma · Annina Nosei Gallery, New York · Galleria 121, Antwerpen, Belgio · «Cerere», Galleria Altair, Torino · Galleria dell'Oca, Roma · Galleria Margiacchi, Arezzo · «Presenze tra presupposti e tendenze», Premio città di Avezzano, XXV Edizione · Galleria Monti, Modena **1990** «Sol Lewitt, Marco Tirelli», American Academy, Roma · Biennale di Sidney, Australia · «35° salone di Montrouge», Montrouge Daedalus, Ascona, Svizzera · «Quarta Biennale Arte Sacra», Pescara **1991** «Né in cielo né in terra», Frankfurter Kunstverein, Frankfurt, Germania · Biennale di Sao Paolo, Sao Paolo del Brasile · «Sentieri selvaggi», Festival dei ove mondi Spoleto · Galerie Hilger, Francoforte · «Ottanta – Novanta», Comune di Monreale · «Roma Interna», Museum moderner Kunst Stiftung Ludwig, Vienna · «Amor Roma», Galerie Hilger, Vienna

BIBLIOGRAFIA CONDENSATA: 1987 Bruno Corà · Catalogo mostra personale Gall. Planita Roma **1989** Alberto Boatto, Catalogo mostra personale Gall. L'Attico Roma · Imes Millesini, Flash Art Estate 1989: Marco Tirelli **1990** Laura Cherubini, Catalogo XLIV Biennale di Venezia · Patrizia Ferri, Marco Tirelli. Su Flash Art Estate 1990 · Flaminio Gualdoni, Catalogo mostra personale, Gall. Civica Modena **1991** Peter Weiermair, Catalogo mostra, Frankfurter Kunstverein, «Nè in cielo nè in terra» · Patrizia Mania, Marco Tirelli, Su Tema Celeste Genn./Febbr. · Flaminio Gualdoni, Catalogo mostra personale, Gall. Triebold, Basilea

VENTURIARTE
Fonderia Venturi Arte Bologna
Bronzi per l'arte classica e contemporanea · Bronzeguß für klassische und moderne Kunst
Amiamo gli esperimenti. · Wir lieben Experimente.
I-40057 Cadriano – Bologna, Via Matteotti 32
Tel. (051) 766440, Fax (051) 765281

IMPRESSUM · EDITORIALE

AUSSTELLUNGSKONZEPT · IDEAZIONE

Lóránd Hegyi, Domenico Bianchi, Lucilla Catania, Bruno Ceccobelli, Gianni Dessi, Giuseppe Gallo, Nunzio, Piero Pizzi Cannella, Marco Tirelli

AUSSTELLUNGSORGANISATION · ORGANIZZAZIONE

Rainer Fuchs, Maurizio Minuti

KATALOGREDAKTION · REDAZIONE

Rainer Fuchs, Monika Schlucker

LAYOUT · REALIZZAZIONE GRAFICA

Werner Hirn

FOTOS · FOTOGRAFIE

Mimmo Cappone (Dessi, Nunzio), Angelo Caligaris (Pizzi Cannella), Fayer & Co. (Gallo, Ceccobelli), W. Günzel (Catania, Tirelli), Lorinto (Tirelli), Stefano Fontebasso de Martino (Ceccobelli), Adam Reich (Domenico Bianchi), Paolo Canevari (Dessi), Robert Zahornicky (Ceccobelli)

ÜBERSETZUNG · TRADUZIONE

Andrea Puxkandl, Barbara Madaro, Martin Seiler

SATZ UND SCHWARZWEISSLITHO · COMPOSITIONE E FOTOLITHO IN BIANCO E NERO

Satzstudio Reisner, Wien

FARBLITHO · FOTOLITO A COLORI

Reproform, Wien

DRUCK · STAMPA

Gutenberg, Wiener Neustadt

ISBN 3-900 318-73-5

Der Katalog erscheint bei ORAC Zeitschriftenverlag Ges.m.b.H. und im Verlag der Galerie Hilger (A-1010 Wien, Dorotheergasse 5).